国际传媒前沿研究报告译丛
黄晓新　刘建华　/主　编

THE NEW AUDIO-VISUAL ECONOMICS

新视听经济学

〔法〕阿兰·勒·迪伯德　/著
林梦昕　罗亚星　/译

中国书籍出版社
China Book Press

图书在版编目（CIP）数据

新视听经济学 /(法) 阿兰·勒·迪伯德著；林梦昕, 罗亚星译. -- 北京：中国书籍出版社, 2023.8
ISBN 978-7-5068-9382-4

Ⅰ.①新… Ⅱ.①阿… ②林… ③罗… Ⅲ.①视听传播—产业经济—研究 Ⅳ.①G206.2

中国国家版本馆CIP数据核字(2023)第063795号

著作版权登记号/图字 01-2023-3297

LA NOUVELLE ÉCONOMIE DE L'AUDIOVISUEL, Alain Le Diberder
©Editions La Découverte, Paris, 2019

新视听经济学

[法]阿兰·勒·迪伯德 著　林梦昕 罗亚星 译

责任编辑	彭宏艳
责任印制	孙马飞　马　芝
封面设计	春天·书装工作室
出版发行	中国书籍出版社
地　　址	北京市丰台区三路居路 97 号（邮编：100073）
电　　话	（010）52257143（总编室）　（010）52257140（发行部）
电子邮箱	eo@chinabp.com.cn
经　　销	全国新华书店
印　　刷	三河市富华印刷包装有限公司
开　　本	710毫米×1000毫米　1/16
字　　数	130千字
印　　张	10.75
版　　次	2023 年 8 月第 1 版
印　　次	2023 年 8 月第 1 次印刷
书　　号	ISBN 978-7-5068-9382-4
定　　价	68.00元

版权所有　翻印必究

国际传媒前沿研究报告译丛(8卷本)
编辑委员会

学术顾问: 胡百精 喻国明 周蔚华 魏玉山 张晓明 孙月沐
梁鸿鹰 林如鹏 方立新 喻 阳 于殿利 杨 谷
王 青 贺梦依 隋 岩 熊澄宇 邓逸群 谢宗贵
武宝瑞 高自龙 施春生 林丽颖 张 坤 韦 路
(排名不分先后)

主　编: 黄晓新 刘建华

编　委: 刘向鸿 李 淼 师力斌 孙佩怡 康 宏 杨驰原
张文飞 董 时 刘一煊 赵丽芳 卢剑锋 王卉莲
黄逸秋 李 游 王 珺 逯 薇 王 莹 杭丽芳
刘 盼 李文竹 洪化清 黄 菲 罗亚星 任 蕾
穆 平 曾 锋 吴超霞 邹 波 苏唯玮 汪剑影
潘睿明 傅 烨 肖 蕊 杨青山 杨雨晴 黄欣钰
邱江宁 周华北 林梦昕 王梓航 韩国梁 史长城
牛 超 薛 创 庞 元 王 淼 朱 琳
(排名不分先后)

出品单位: 中国新闻出版研究院传媒研究所

著者简介

阿兰·勒·迪伯德，曾在法国文化部、法国电视台、Canal+ 和 SACD 等机构任职。出版过多部关于电视、视频游戏和网络文化等内容的著作。

译者简介

林梦昕，法中笔译、口译，对外汉语教师，对外法语教师，现居法国。毕业于法国索邦大学文学专业，硕士毕业于索邦大学语言学专业，应用法语方向。

罗亚星，中英法语翻译，现居法国，英国斯旺西大学国际传媒学硕士。

译丛前言

传播是人类与生俱来的行为，人类社会的不断发展带动传媒技术的不断变革与传媒形态的不断创新。传媒的进化发展反作用于人类社会，发挥社会监督、协调沟通、经济推动与娱乐润滑的作用，促进人类社会的不断进步。

加拿大著名传播学者麦克卢汉的"媒介即信息"认为，媒介所刊载的内容并不重要，重要的是媒介本身，一种媒介其实是一个时代一个社会文明发展水平的标志，它所承载的"时代标志性信息"是辽阔的、永恒的。一部文明史，其实质就是人类使用传播媒介的历史，也是传媒从简单到复杂的发展历史。

媒介发展史其实就是媒介技术变革史，正是因为造纸技术、印刷技术、电子技术、数字技术、网络技术、移动技术、人工智能等新技术的出现，人类传播从口耳相传走向窄众传播、大众传播，又从大众传播走到分众传播、精准传播，一切皆媒介、人人皆传播成为现实，世界也就成为名副其实的"地球村"。

进入21世纪以来，由于互联网特别是移动网络和数字技术的发展和普及，带来新的传媒革命，重构社会生态。党中央审时度势、高度重视、周密部署，2013年我国开启传统媒体与新兴媒体融合发展的步伐。经过10年来各方面的共同努力，我国传媒融合发展取得显著成效，相当多的主流融媒体机构已经成型，融媒体传播能力已经具备，融媒体内容生产提质增效，主流舆论阵地得到稳固，媒体融合加快向纵深发展，并正在构建"全媒体传播体系"。在这个过程中，我们需要了解掌握国外媒体的融合现状、发展道路和趋势，学习借鉴国外媒体融合发展、建设的经验教训，为我所用，进一步攻坚克难。

中国传媒业作为文化产业的核心组成部分，在我国政治经济文化社会生活中发挥着信息传播、人际沟通、休闲娱乐和舆论引导、社会治理的功能，具有举足轻重的地位。国际传播能力也在不断提高，在国际传媒舞台上获得了一定的地位。但是，与纽约时报（The New York Time）、新闻集团（News Corporation）等国际传媒大鳄相比，我们的传播实力与国际地位还远远不足不够，在掌握国际话语权上还有较大的努力空间。

2022年10月16日，习近平总书记在党的二十大报告中指出，要"加强全媒体传播体系建设，塑造主流舆论新格局"，"增强中华文明传播力影响力。坚守中华文化立场……讲好中国故事、传播好中国声音，展现可信、可爱、可敬的中国形象。……推动中华文化更好走向世界"。要落实这一指示，夯实国际传播基础，增强中国软实力，提升国际话语权，我们既要利用国内政策与资源优势，也要了解国际先进传媒业的运作规律、基本格局和受众状况，知己知彼，才能把中华文化推向世界。

有鉴于此，我们组织编译出版了"国际传媒前沿研究报告"丛书。理论是灰色的，而实践之树常青。与以往的新闻传播理论著作译介相比，本套译丛更强调传媒发展实践，着重译介西方发达国家最新传媒发展态势的前沿研究报告，以鲜活的案例和有可操作性的做法，以及

译丛前言

比较科学的理论总结，为中国传媒业提供切实可行的参照与抓手，加快走向世界的步伐，加快国内媒体与国际媒体的创新合作和"无缝对接"，加快建设国际一流媒体，为推动建设人类命运共同体作出贡献。

本译丛共8本，分别为《新媒体与社会》（美国）、《加拿大传媒研究：网络、文化与技术》（加拿大）、《传媒产业研究》（英国）、《德国传媒体系：结构、市场、管理》（德国）、《新视听经济学》（法国）、《俄罗斯传媒体系》（俄罗斯）、《澳大利亚的传媒与传播学》（澳大利亚）、《韩国传媒治理》（韩国）。

感谢中国新闻出版研究院，感谢业界、学界与政界的所有领导和师友，感谢本译丛版权方和相关机构的大力支持，感谢在外文转译为中文过程中立下汗马功劳的所有朋友们的努力、帮助和奉献，感谢中国书籍出版社的真诚付出。

由于水平和时间所限，译丛一定存在这样或那样的缺失和不足，望读者、专家不吝赐教。

黄晓新　刘建华
二〇二三年八月八日

以时空观民族观形质观
深化文明交流互鉴[①]
（代序）

2022年10月16日，习近平总书记在党的二十大报告中指出，"增强中华文明传播力影响力。坚守中华文化立场……讲好中国故事、传播好中国声音，展现可信、可爱、可敬的中国形象。……深化文明交流互鉴，推动中华文化更好走向世界"[②]。中华文化影响力的提升和更好走向世界的一个重要基础就是世界文明的交流互鉴。他山之石可以攻玉，我们对其他优秀文明成果有了全面和深入的了解，可以借鉴其好的经验与做法，促进文化事业和文化产业繁荣发展，为国内外提供更多优秀文化产品，实现健康持续的文明交流互鉴。文化贸易是世界文明交流互鉴的一个非常有效的手段。对外文化贸易既包括文化产品的输出，也包括文化产品的输入，是输出与输入双向一体的过程。对于中华民族文化而言，兼容并蓄是其五千年惯以形成的品格，她对世界文化一直秉持开放借鉴的态度。要彰显中华文化在世界民族之林的应有位置，不仅需要输出我们的文化产品，而且也要输入世界优秀文化，以更好地发展中华民族文化，建设社会主义文化强国，增强中

---

① 本文作者刘建华，原载于《南海学刊》2022年11月第6期。
② 习近平.高举中国特色社会主义伟大旗帜为全面建设社会主义现代化国家而团结奋斗[EB/OL].新华社官方账号 https://baijiahao.baidu.com/s?id=1747667408886218643&wfr=spider&for=pc./2022-10/26/.

国国家文化软实力，提升中华文化国际影响力。输入世界文化的指导方针与基本原则就是文化扬弃，要对世界各民族文化进行抛弃、保留、发扬和提高。抛弃消极因素，利用积极成分，为中华民族文化发展到新的阶段做出贡献。本文以此为切入点，从时空观、民族观、形质观三个层面来研究分析文化产品输入的文化扬弃问题，力图为政府与贸易主体提供理论性的框架路线与实践性的方法指导，使世界优秀文化为我所用，"发展面向现代化、面向世界、面向未来的，民族的科学的大众的社会主义文化"。[①]

一、时空观与文化扬弃

对外文化贸易中，作为产品输入国，中国引进文化产品的指导思想与方法论就是文化扬弃。毛泽东指出，继承、批判与创新是文化扬弃的本质。毛泽东的文化扬弃理论的基本内涵是："以马克思主义文化观为指导，尊重文化发展的否定之否定规律，从中国革命和建设的需要出发，批判地继承中外历史文化的成果，从而创造性地建设有中国特色的无产阶级新文化。"[②] 在具体文化实践中，毛泽东提出了文化扬弃的两条总原则，"一是坚持马克思主义文化观的指导，二是坚持从中国的具体情况出发，坚持为人民服务的方向"[③]。在这两条总原则下，要灵活机动地对中外文化进行继承、批判与创新。"历史上

---

① 习近平.高举中国特色社会主义伟大旗帜为全面建设社会主义现代化国家而团结奋斗[EB/OL].新华社官方账号 https://baijiahao.baidu.com/s?id=1747667408886218643&wfr=spider&for=pc./2022-10/26/.
② 常乐.论毛泽东的"文化扬弃论"[J].哲学研究，1994（2）：4.
③ 常乐.论毛泽东的"文化扬弃论"[J].哲学研究，1994（2）：6.

的许多文化遗产却并没有这种可以截然分割的具体形态，而是好坏相参、利害糅杂的有机统一体。"① 对于国外文化的扬弃，毛泽东作了一个形象的比喻，"一切外国的东西，如同我们对于食品一样，必须经过自己的口腔咀嚼和胃肠运动，送进唾液胃液肠液，把它分解为精华和糟粕两部分，然后排泄其糟粕，吸收其精华，才能对我们的身体有益"②。

在对外文化贸易的实践中，文化输入是一个非常复杂而又需要大智慧与大战略的把关过程，它涉及本国消费者文化需求满足与本国文化价值观主体地位问题。在马克思主义的时空观理论中，时空的本质就是社会时空观，或者说是实践时空观。"实践是人的实践，社会也是人的社会，正是人通过长期的物质生产活动和人类之间的相互交往活动，才形成了人类社会和人类社会历史，世界历史无非是人通过人的劳动而诞生的历史"③。所谓实践时间，是指人类实践活动的持续性。所谓实践空间，是指实践运动的广延性。它包括地理空间与关系空间。前者是指以实体形式存在的地理环境，表现为人们进行生产、生活、科学研究和从事各种活动须臾不可缺少的场所。后者是交往空间，是人们实践活动中结成的经济、政治、文化生活等日常的和非日常的交往关系。实践空间是衡量人类对自然的占有规模以及人类社会联系和发展程度的特殊尺度。

每个时代有一定的文化产品，每个地理空间与关系空间也有一定的文化产品，它们有着各自的本质与特征。随着交通技术与信息技术

---

① 常乐. 论毛泽东的"文化扬弃论"[J]. 哲学研究，1994（2）：3.
② 常乐. 论毛泽东的"文化扬弃论"[J]. 哲学研究，1994（2）：5.
③ 黄小云等. 论马克思时空观的实践维度[J]. 文史博览，2006（12）：33.

的发展，全球化成为现实，各国之间经济、文化、社会的联系与交往日益密切。中国在大力输出自己文化产品的同时，也在努力引进有益于本国经济、政治、文化、社会与生态文明建设的国外文化产品。而世界各国由于地理上的区隔及基于此的改造自然与社会的过程不同，其文化产品也是千姿百态，不同历史时期与不同区位的文化产品必然有其不同于中国文化实践的特征，也不一定都适合中国的文化消费需求。因此，只有对国外文化产品的时间结构与空间结构有准确的了解与把握，才能真正实现文化扬弃的产品输入。

1. 时间结构

关于文化产品的时间结构，我们可以从三个层面来进行分析。一是人类历史层面，二是产品时效层面，三是消费时长层面。

人类历史层面是指不同历史发展阶段的文化产品结构问题。对于不同的输入国来说，对不同时间段的文化产品的需求种类与数量是不同的。关于人类历史的划分，没有一个固定的标准。对于人类发展史上文化产品的时间划分，我们借用美国历史学家斯塔夫里阿诺斯在其著作《全球通史》中的划分标准，分为古典文明时期（公元500年之前）、中世纪文明期（公元500—1500年）、西方崛起文明期（公元1500—1763年）、西方优势文明期（公元1763—1914年）、现代文明期（1914年后）、当代文明期。

我们所说的文化贸易具体是指精神文化的贸易。精神文化又包括几个层面，一是指公益性的承载人类永恒价值的文化，一是指供大众消费娱乐的文化。从以上六个时间段来说，古典文明、中世纪文明、西方崛起与优势文明时期的文化，大多是指那种具有人类永恒价值的文化，主要指精英高雅文化，当然也包括一些民间通俗文化。现代科学技术飞速发展，传播技术不断改进以后，印刷、复制、传播、阅读等变得日益简单与普及，大众文化随之诞生。大众文化产品实质是当前国际文化贸易的主要内容。因为大众文化既能承载精英高雅文化内容，也能承载民间通俗文化内容，并在此基础上，创造出为当代大众所欢迎的文化产品。即使是芭蕾、歌剧等高雅文化内容，也能通过大众生产与传播手段，成为受众喜闻乐见的产品形式。从这个意义上来说，现代文明与当代文明期的文化，实质上主要是指以传媒产品为核心的大众文化产品。

因此，对于中国来说，在输入国外文化产品时，应当注意其历史时间结构。既要输入当代时尚的、先进的文化产品，又要考虑输入其古典文明期、中世纪文明期、西方崛起与优势文明期的精英高雅文化。这些文化具有永恒的人类价值，对于开启中国人的智慧、转换中国人的思维方式，具有巨大的借鉴作用。

产品时效层面是指文化产品的时效性结构问题。时效性是指信息的新旧程度、行情最新动态和进展。对于文化产品来说，我们根据其时间耐久的程度，可以分为即时性文化产品、一般性文化产品与恒久性文化产品。

即时性文化产品对时效性的要求最高，需要即时生产、即时传播、即时接受，一旦时过境迁，该文化产品就没有多大意义了。随着现代传播科技手段的发展，人们对信息时效性的需求将有增无减，永无止境。信息化时代，市场竞争日益激烈的时代，谁最早获得信息，谁将拥有决定胜负的主导权。如同商业竞争者们所说，当下不是大鱼吃小鱼的时代，而是快鱼吃慢鱼的时代。商业竞争如此，日常生活也是如此。人们不再满足于最近、昨天、上午等时间上的信息获得，他们需要了解今时今刻、即时即刻乃至将时将刻的信息，需要了解正在发生与将要发生的信息。但凡是提供这方面服务的传媒产品，必然受到欢迎。从另一个角度来说，如果某个媒体提供的新闻信息不能及时传播给受众，那将毫无意义。

即时性的文化产品主要是指提供新闻信息的大众传媒，诸如报纸、电视、互联网等，当下主要是指微博、微信、移动客户端等新媒体产品。对于中国来说，输入即时性的文化产品主要应该是指电视与互联网媒体。尤其是在网络社会与数字化时代，中国受众对世界各地发生的新闻需要有即时的了解，才能了解自己所处的环境，从而做出各种正确判断与决策。而广播、电视、互联网、微博、微信、移动客户端等，是人们即时掌握国外信息的主要手段。所以，中国必须选择与输入适宜的互联网新媒体及广播电视产品，以满足国内受众的文化需求。

一般性的文化产品是指在短期内或者近期内传播并有效消费的产品，也就是说，这类文化产品的时间跨度稍长，处在恒久性文化产品与即时性文化产品之间。这类文化产品具有当代时尚前卫的形式，是针对当代人的文化消费心理与需求而设计生产的，内容具有当下性，可以在一段时间（如一周、一个月、一年）之内有效传播并消费。当然，这个一段时间不具永恒性，过了一定的时间段，就有可能失去市场，难以为受众所接受。

通常而言，畅销书、音乐、广告、影视剧、演艺、动漫游戏、部分可视艺术（设计、工艺、书画）等，都属于一般性文化产品，它们的传播与消费可以持续一段时间，一两年之内不会过时。比如畅销书，一般拥有一年时间的市场。当然，时间不会太长，试想，十年前的畅销书，现在可能没有多少人愿意去看。流行音乐也是如此，今天的人们恐怕不会有太多人去听几年前甚至几十年前的流行音乐，有些流行音乐也许过几个月就没人去听了。广告、影视、动漫游戏等也是如此，我们不能总是把国外很多年前的电影引进来，因为影视剧还是具有一定的时代性，广告也是根据市场主体某个时段的营销计划而设计的，公司隔一段时间就更换广告深刻说明了这一点。部分工艺与书画作品也不一定具有恒久传播与消费价值，随着时代的变化，人们的消费偏好也会有所变化。譬如，书画领域的范曾热、启功热等，就说明了这一点。

恒久性的文化产品是指此类产品具有永恒价值，没有时效性，不论在什么时代都具有传播与消费价值。这类文化产品主要是指经典文学作品、音乐、工艺与书画艺术等。对于这些文化产品来说，输入者有充裕的时间去甄别去选择，根据本国消费者实际情况与思想意识形态指向，引进适销对路的文化产品。

文化产品的消费时长层面是指受众消费文化产品耗时多少的问题。文化产品是体验性的消费产品，是一种时间性产品。这就要求消费者必须对一个文化产品完整消费后，才能获得其价值，也才能知道是否满足其消费需求，也决定了消费者对此类产品的再购买。因此，把握消费者的消费时间观念就极为重要。消费者对文化产品耗时的接受程度是多元复杂的，不同职业、不同性别、不同年龄、不同民族的消费者，对同一类型文化产品的耗时长短定然不一。譬如电影，有些消费者可能喜欢1个小时之内时长的，有些消费者可能喜欢1—2个小时时长的，有些消费者可能喜欢2—3个小时时长的，当然，电影作为按小时计量消费的文化产品，绝不会达到四五个小时，这已超过了所有消费者的极限。因此，必须根据不同消费者的消费时间偏好，输入不同时长的电影。对于中国观众来说，目前比较喜欢的是长达近3小时的好莱坞大片，1小时左右的电影并不受其欢迎。在浅阅读时代，人们的眼球资源的确不够分配，也应运出现了读图书籍、短视频与微电影等，这就需要文化产品输入者进行及时把握与调整了。

所以，对于中国而言，文化产品输入者应该对不同人口统计特征的消费者进行深入研究分析，针对不同的消费时间偏好及其发展变化趋势，准确引进不同时长的国际文化产品。影视剧、歌舞演艺、图书等文化产品，尤其受消费时长的影响，而这些产品又是国际文化贸易的主要对象，因此，有必要对这些文化产品做出详细分析与区隔，进行分门别类的引进。

2. 空间结构

文化产品的空间结构包括地理空间与关系空间两个层面。

从地理空间来看，2019年，根据商务部服贸司负责人的介绍，"从国别和地区看，中国文化产品对东盟、欧盟出口增长较快，分别增长47.4%、18.9%；对'一带一路'沿线国家出口增长24.9%；对美出口下降6.3%"[①]。根据商务部一位新闻发言人的介绍，"2017年，美国、中国香港、荷兰、英国和日本为中国文化产品进出口前五大市场，合计占比为55.9%，我国与'一带一路'沿线国家进出口额达176.2亿

---

① 数据来源于中国新闻网，https://baijiahao.baidu.com/s?id=1661399484447253162&wfr=spider&for=pc，2021-8-20.

美元，同比增长18.5%，占比提高1.3个百分点至18.1%，与金砖国家进出口额43亿美元，同比增长48%。文化产品出口881.9亿美元，同比增长12.4%；进口89.3亿美元，同比下降7.6%。顺差792.6亿美元，规模较去年同期扩大15.2%"[1]。从更早的时间2012年来看，中国引进的文化产品分布情况如下[2]：我国文化产品进口国家的地理分布都是美洲、欧洲、亚洲、大洋洲的分布格局，几乎没有非洲国家的文化产品。从国家个数来看，排名前15的进口国中，欧洲国家最多，核心文化产品国家中有6个，占40%；亚洲国家与地区居次，有5个，占33.3%；美洲国家排第三，有3个，占20%；大洋洲只有澳大利亚，非洲国家缺位。从进口金额来看，欧美国家份额最大，2012年1月份核心文化产品进口额为1902.9万美元，占排名前15的国家总额3821.7万美元的一半；亚洲国家与地区1896.9万美元，几乎占据另外一半份额。也就是说，从空间结构来说，中国文化产品进口国主要是欧美国家与亚洲国家，各占据半壁江山。欧美国家主要集中在经济发达资本主义国家，亚洲国家与地区主要集中在日本、韩国与中国台湾及香港地区。值得一提的是，近几年中国与"一带一路"沿线国家和地区的对外文化贸易规模逐步扩大。

这个地理空间结构存在较大的非均衡，欧美国家主要是英美等老牌资本主义国家，应该要兼及对东欧及南美洲一些国家文化产品的进口。亚洲方面，主要是日本、韩国、中国香港、中国台湾等东亚国家

---

[1] 数据来源于中国产业信息研究网，http://www.china1baogao.com/data/20180209/1578390.html，2021-8-20.
[2] 数据来源于商务部服务贸易司，《2012年1月我国核心文化产品进出口情况简析》，中国商务部 http://www.mofcom.gov.cn/aarticle/difang/yunnan/201204/20120408067456.html，2012-4-19.

与地区，而东南亚、西亚与中亚（如印度、泰国、埃及）等国家，虽然在"一带一路"建设倡议下各个指标有所提高，但尚需加大文化产品进口力度。至于非洲国家，也应该有一定的文化产品进口计划，以加强中国与非洲国家的文化交流与互动，从而更好地促进中华文化在非洲国家的影响力。

从关系空间来看，凡是与中国建立外交关系，或者有政治、经济、文化与社会其中之一交往关系的国家与地区，在理论上都应该与中国有文化贸易关系，既包括中国文化产品的输出，也包括中国对这些国家与地区文化产品的输入。只有坚持这种开放与公平的文化交流立场，才能真正使中华文化在世界上有着独立而不可替代的地位，成为公平与正义的代言人，拥有不可小视的话语权，为人类文明的发展与进步做出应有的贡献。

3. 时空文化产品的扬弃

文化产品因其时间性与空间性，结构繁杂多元，中国输入国际文化产品时，应该坚持均衡与适时的文化扬弃策略。

所谓均衡策略，是指文化产品空间结构的合理安排。既要按照先进性原则，大力引进发达国家，特别是西方发达资本主义国家的先进文化。这些文化产品蕴含着人类发展的最前沿思潮与科技创新，对中国文化的发展，对中国人民思维方式的转变，对中国人民知识结构的改善，对中国经济、政治、文化、社会与生态文明的进步，具有巨大的促进作用，应该大力引进。同时，我们又要按照均衡与公平原则，对凡是与中国有经济、政治、文化、社会交往关系的国家，进行一定的文化输入。要在文化没有优劣的理念指导下,对五大洲各个国家的文化产品进行适量而科学的引进。这不仅仅是为了让中国人民了解这些东道国的文化,更重要的是树立中国坚持文化平等交流的大国形象,消解世界各国对中国崛起称霸全球的误会,使中国文化获得更多国际受众的了解与认可,为中华民族文化在世界民族之林中争得应有地位。

所谓适时策略,主要是指对时间文化产品的合理安排与引进。要科学地对国际文化产品按照人类历史层面、产品时效层面、消费时长层面进行分类引进,要在对本国消费者进行深入科学的调研基础上,适时引进不同时间特性的文化产品。从人类历史层面来看,我们不仅要引进现当代的大众文化产品,而且也要引进古典文明时期、中世纪文明时期、西方崛起文明时期与西方优势文明时期各个国家的经典作品,如欧洲文艺复兴时期的哲学与文艺作品、古埃及与古印度的经典文艺与宗教作品。从产品时效层面来看,我们应对国际文化产品的即时性、一般性与恒久性进行区隔,针对本国消费者时间偏好进行适销对路的产品引进。从消费时长来看,要具体把握国内消费者的时间弹性,认清不同国家消费者在文化产品耗时容忍度上的差异,在此基础上,对不同时长的文化产品进行有效引进。

二、民族观与文化扬弃

本文所说的民族文化产品,是指从价值观与思维方式视角来审视的文化产品,也就是说,这些文化产品代表着一个民族的核心价值观与思想意识形态,是一个民族国家合法性存在的前提。从这个意义上来看,作为文化产品引进者,我们必须对某个民族文化产品持辩证的态度，既要认识到该民族文化是该民族国家合法性存在所必不可少的东西，是维系该民族团结、发挥凝聚力与创新力作用的精神性东西；又要清醒地知道，对于自己国家来说，该民族文化产品不一定有其合理之处与存在价值，有些甚至对自己国家文化价值观与思想意识形态的维系起着消解作用。因此，我们需要对某个民族文化产品进行审慎对待与科学分析，需要输入者具有高远的智慧与精准的把关能力，一是尽量输入民族精粹成分占优势的文化产品；二是在两者难以分开的情况下，引进时要对国内消费者进行一定的国际文化鉴赏素养教育，使消费者自己能主动区分并吸收该民族文化精粹，抛弃文化糟粕。

1. 民族精粹与糟粕

首先，我们需要界定何为民族精粹与民族糟粕。所谓民族精粹，是指在某个民族文化中，维系该民族凝聚力、激发其创新力的反映特定价值观与思想意识形态的文化成分。所谓民族糟粕，是指存在于民族文化中，宣传封建迷信霸权，压制个性创造，忽视人本、民主与科学精神的文化成分。在世界各国民族文化中，既存在那种崇尚个性、尊重人本、主张科学民主的文化，也必然存在不同样式的文化糟粕。

其次，我们需要界定民族精粹与民族糟粕的表现形态。对于民族精粹的表现形态，就中国而言，可以从优秀传统文化、主流意识形态文化与先进文化三个层面进行剖析。优秀传统文化主要是指在中华五千年文明历史中，中国劳动人民在改造自然与社会的实践中所形成的民族文化精粹，包括：普适性的科学文化，如四大发明、地动仪等；精英文化，如诸子百家的学说，尤其是儒家的仁爱谦和文化，历代文人墨客对生活与社会感悟的优秀文学作品（李白、白居易诗歌，四大名著等）；民间文化，如各种民间文学，流传于老百姓生活中的风俗与习惯等。就国际文化而言，主要包括优秀传统文化、科学技术文化等。譬如西方文化，其民族精粹就是其科学、民主、人本精神与丰富的科学技术发明，当然，也包括西方历史上哲人大师的作品，如柏拉图、亚里士多德、康德、莎士比亚、贝多芬、凡·高、韦伯等人的著作。科学家们的理论著述与实践发明等，也是其民族文化精粹，需要吸收利用。当下来看，西方民族文化精粹与糟粕交错在一起，其糟粕具有很大的隐蔽性，往往以娱乐的形式，打着人本、民主、科学的旗号，大肆进入世界各国，特别是对发展中国家来说，往往被这些"普世性"文化所迷惑，在享受其文化精华的同时，不知不觉也为其糟粕所俘虏，对本民族文化价值观与思想意识形态构成巨大威胁。例如，我们在享受好莱坞电影、迪士尼文化、麦当劳文化的同时，也被美国文化中的个人主义、拜金主义所影响。具体而言，当下世界各国文化精粹与文化糟粕交错在一起的表现形态就是以娱乐为主的大众文化产品，包括报纸期刊、影视剧、动漫游戏、广告、流行音乐、畅销书、文化旅游、互联网、新媒体等。相对而言，高雅艺术如歌舞剧、经典作家图书、可视艺术（绘画）、经典音乐等，则侧重于表现一个民族文化中的精华内容。

最后，我们需要厘清民族精粹与民族糟粕的作用与影响。对于文化产品输入国来说，引进的文化产品优劣，直接影响到该民族的文化价值观与思想意识形态，影响一个国家的凝聚力与创造力，甚至影响一个社会的动荡与政权的更迭。东欧剧变与苏联解体，使西方国家认识到，比军队大炮更有力更隐蔽的武器应该是文化，于是，硬实力之争转变为软实力之争。经济全球化与文化全球化背景下，各民族国家不能独立于国际文化交流之外。实际上，国际文化交流也的确能够促进一个民族国家经济社会的发展，能够给本国人民带来更多福利。但是，文化毕竟是一个民族国家合法性存在的前提，倘若一个国家的民族文化全然被他国文化所代替，则这个民族国家也就丧失了存在的合法性了。更严重的是，西方经济发达国家，对于和自己政治制度不同的国家抱有敌意，一些政客总是希望通过对别国的控制来攫取更多的利益，形成民族国家之间的不公与非正义。因此，他们有意无意把所谓的普世文化掺杂在各种形式的文化产品中，以达到和平演变、不战而屈人之兵的成效。鉴于此，文化产品输入国应该深切认识各国文化精粹的促进作用与文化糟粕的破坏性，以审慎的态度、科学的方法、高瞻的智慧、宽大的胸怀、自信的立场，引进国际文化产品，有效利用并提升其文化精粹的促进作用，排除并解构文化糟粕的破坏作用。

2. 民族文化产品的扬弃

要有效利用民族文化精粹并解构民族文化糟粕，就要采取毛泽东所说的"吸取精华、去其糟粕"的文化扬弃原则。要做到此，需要从以下三方面入手。

第一，从市场主体来说，需要其兼顾社会效益与经济效益，做一个具有民族发展责任的企业。在对民族文化产品的扬弃过程中，涉及价值观与思想意识形态的一致与冲突问题，关乎整个国家的民族价值观与主流意识形态的形成与传承问题。对外文化贸易中，作为以利润最大化追求为目标的市场主体，偏重对经济效益的考虑定然会多些，这也是无可厚非的。对于具有巨大市场价值的国际文化产品，市场主体必然积极引进，以规避投资风险，寻求利益最大化。然而，民族价值观与主流思想意识形态的维系是所有中国人都应尽的责任与义务。作为中华大家庭中的一员，市场主体在具体的文化贸易执行过程中，也应该有这种责任意识与义务担当，社会效益的维系也必然成为其引进国际文化产品的一个首要度量因素。

第二，从消费者来说，需要具有古为今用、洋为中用的思想境界，做一个有民族荣辱感的主人翁。国际文化产品到达消费者手中时，已经是一个精神产品的接受过程。消费者在体验性消费后，获得的是精神上的收益。精神文化产品的消费过程，不仅能给消费者带来精神性的快感，也会加深、改变或破坏消费者已有的价值观与思想意识形态。如果某种文化产品所承载的文化价值观与思想意识形态与消费者既有的价值观和思想意识形态存在相同或呼应之处，则会强化与加深这些价值观与思想意识形态。如果是相反或者有所偏差，则有可能对消费者既有的价值观与意识形态产生冲击，或者偏离，或者破坏，或者改变。因此，作为消费者，必须有一定的国际文化产品鉴赏能力，要具有"古为今用、洋为中用"的思想境界，以一种中华民族文化主人翁的姿态，对国际民族文化产品进行抛弃、保留、发扬和提高，吸收其有利文化成分。

第三，从政府监管者来说，需要其制定科学有效的民族精粹与糟粕的鉴别框架体系，做一个有民族振兴使命感的主导者。国际民族文化产品，有着不同于普适性的科学技术文化产品或纯粹性娱乐文化产品的本质特征，它所蕴含的价值观与思想意识形态对消费者个体和民族国家的作用并不相一致。同样的文化产品，对消费者个体来说，提供的可能是正向精神福利，但对民族国家来说，也许是负向精神福利。譬如，消费者在消费好莱坞电影时，美国式的叙事方式与高科技技术手段，的确让消费者享受到了正向精神福利，但隐含在影片中的美国价值观与思想意识形态会潜移默化地影响消费者的价值观与思想意识形态，这对一个民族国家而言，具有巨大的威胁，是一种负向精神福利。因此，作为监管者的政府管理部门，必须成为国际文化产品输入过程中的主导者，才能确保文化产品给消费者个体与民族国家提供最大化的正向福利。基本做法是：首先，政府监管者要明确本国涉及价值观与思想意识形态的文化构成。其次，在文化产品的输入实践中，政府部门要制定一个详细的文化产品引进指导方案，对普适性的科学技术文化、纯粹娱乐性文化与价值观和思想意识形态文化进行区分，分门别类。最后，政府部门要构建民族文化产品社会效益评估指标体系，综合评估给输入国带来的正向社会效益与负向作用，做出是否引进的决策。

三、形质观与文化扬弃

形质是普遍地当作一个词语来进行理解的，字典上的解释有肉体、躯壳，外形、外表，才具、气质，形制，形式等。在中国书画艺术中，形质与意象相对应。在建筑、文学等艺术创作中，有形质与意的呼应及渗透问题。中国太极中，也有形质与神意的说法，即以形取意，以意象形。在西方，有一个形质学派，该学派起源于1890—1900年间，由布伦塔诺的弟子厄棱费尔和麦农创立，他们接受了布伦塔诺的思想，将布伦塔诺的意动心理学具体运用到形 (form)、形质 (form-quality) 的形成，认为形、形质的形成既不是感觉的复合，也不是马赫所说形式是一种独立的存在，而是由于意动，才使形、形质呈现出来。形质学派的初衷是对元素主义进行批驳。他们自称发现了一种新元素，并由注重形质而研究复型，后又由复型的分析发现倾向于意动的探讨。形质学派一方面发展了马赫的感觉理论，另一方面又为格式塔心理学派提供了一套完整的形质的概念与理论根据。在知觉理论上，形质学派是由元素主义向格式塔心理学过渡的桥梁。

通过以上关于形质的解释与分析，我们不是想把某种理论简单拿过来分析文化产品，而是力图汲取其中的养料，结合文化贸易实践，分析在引进国际文化产品时，如何在形质上进行评判，以输入适宜的国际文化产品。不论是书画艺术、太极拳，还是西方的形质学派，他们都注重一种事物形式与内涵的完美结合。在中国艺术理论领域，形质偏重于指外形、形态，指人们能观看得到的外在形象。西方的形质学派认为，外形的形成，有赖于意动，这实际上是指事物内涵对人们知觉上的刺激，在内涵意动的驱动下，事物的形质才得以呈现。英文单词 form-quality，就是形式与才质的复合体，这说明了形式与才质交错结合的必要性及它们对于消费者知觉刺激上的必要性。对于文化产品来说，只有美的形态与优的才质的完整结合体，才能值得我们去引进，才能值得本国受众去消费，才能对本国文化创新发展发挥积极有效的作用。

其实，形质一词既包含了外形之义，也兼具才质之指。我们更应该把它作为一个短语来理解，即通常所说的文质彬彬，指的是文采与质量都非常好。对于文化贸易实践来说，我们也应该引进"形质彬彬"的国际文化产品。出于研究上的方便，我们从产品类型与产品才质两个方面分别分析国际文化产品的特征。

1. 产品类型

如果按照两分法，我们可以把文化产品分成有形的与无形的两种。前者是指文化产品实体，后者指的就是版权。文化产品实体包括由产品输出国生产的新闻、报刊、图书、音像、广播影视、广告、动漫游戏、演艺歌舞、可视艺术（工艺品、书画等）、互联网、新媒体等。版权即著作权，是指文学、艺术、科学作品的作者对其作品享有的权利（包括财产权、人身权）。版权是知识产权的一种类型，它是由自然科学、社会科学以及文学、音乐、戏剧、绘画、雕塑、摄影和电影摄影等方面的作品组成。

在国际文化贸易中，既有图书、影视剧、音像制品、绘画、工艺品等实物的贸易，如各种图书博览会、电影节、文化旅游等，也包括关于此类文化产品的版权贸易。在智能技术、移动技术、数字技术与网络技术时代，全媒体的产生，可以使不同媒体形态的内容同时在不同类型媒体上进行传播与消费，媒介介质的边界得以消失，这为版权贸易创造了更加有利的条件，版权贸易是将来文化贸易的主体形式。

从具体的形态来看，国际文化产品的类型主要包括核心文化产品、外围文化产品与相关文化产品三大层次。在当下的对外文化贸易实践中，中国主要侧重输入世界各国优秀的核心文化产品与外围文化产品，这类产品对于文化价值观与思想意识形态的维系起着重大作用，影响一国凝聚力的形成，决定一国文化软实力的强弱，对于一国文化创造力与影响力具有巨大的促进或破坏作用。

国家统计局和中宣部共同编辑的《中国文化及相关产业统计年鉴.2020》数据显示，2019年我国文化及相关产业进出口总额为1114.5亿美元，出口额为998.9亿美元，进口额为115.7亿美元，顺差为883.2亿美元。贸易顺差的扩大，一方面说明了我国文化实力在不断增强，文化产品获得了国际市场的认可；另一方面，也显示了我国在对国外文化产品的引进力度上还有不足。作为一个经济实力全球排名第二的大国，要建成文化强国，除了让自己的文化产品走出去，还应该把世界优秀文化产品引进来，只有在与全人类优秀文化产品的交流互动中，借鉴吸取其精华和优点，才能不断生产出更优秀的文化产品，真正成为有全球影响力的文化强国。反观当下文化进口现状，还是有较大的提升空间。有关数据显示，"2019年我国文化进口方面，图书、报纸期刊、音像制品及电子出版物为16.5亿美元，其他出版物为4.5亿美元，工艺美术品及收藏品为36.8亿美元，文化用品为23.9亿美元，游艺器材及娱乐用品为11.1亿美元，文化专用设备为38.4亿美元"[1]。纵观中国核心文化产品的引进情况，总体来说，类型日益多样，新闻出版、图书、期刊、电子出版物、广电影视等都包括其中，引进数量、金额与版权数也在不断增加。但是，问题也很明显，一是引进总量偏小，二是仅限于图书、期刊、电影的引进，并且主要是图书的引进，包括实体图书与版权的引进。近年来在文化产品引进工作上有了提升，如电影方面，2012年，中国在原本每年引进20部美国电影的基础上增加了14部IMAX或3D电影，中国观众看到了更多的美国电影。近年来，随着国产片的壮大，进口片票房所占份额在不

---

[1] 国家统计局社会科技和文化产业统计司，中宣部文化体制改革和发展办公室编.中国文化及相关产业统计年鉴.2020[M]，北京：中国统计出版社，2020：245.

断压缩，2018年为35%左右，进口片包括美国片、印度片、日本片、法国片等，但贡献份额最大的还是美国片。

在文化产品引进上，我们还需要在产品类型上多下功夫，既要引进那些优秀的为我国受众所喜闻乐见的产品，又要考虑不同民族国家不同类型文化的独特性，引进丰富多元的文化产品。

2. 产品才质

产品才质主要是指引进的文化产品的质量。ISO8402对质量的定义是：反映实体满足明确或隐含需要能力的特性总和。ISO9000对质量的定义是：一组固有特性满足要求的程度。美国著名的质量管理专家朱兰（J.M.Juran）博士从顾客的角度出发，提出了产品质量就是产品的适用性。即产品在使用时能成功地满足用户需要的程度。适用性恰如其分地表达了质量的内涵。这一定义突出使用要求和满足程度两个重点。对于文化产品来说，其质量的内涵极为复杂。一般来说，文化产品分为社会客体与精神客体两个方面。作为社会客体，主要体现为物质形态、设计、包装等方面。消费者对其的使用要求主要落在美观、舒适、简便等方面，并因人、因时、因地、因民族而不同。虽然复杂多元，但基本的使用要求与一般工商产品并没有太大差异，只要紧扣产品性能、经济特性、服务特性、环境特性与心理特性等同几个方面的满足即可，其追求的是性能、成本、数量、交货期、服务等因素的最佳组合。

对于文化产品的精神客体来说，其质量要求与满足非常难以把握。由于文化产品的精神属性与符号特征，生产者总是以一定的规则与方式把意义编码进去，因此消费者必须具备与生产者共通的文化空间，才能进行准确的解码，不然，就会发生霍尔所说的偏向解读与反向解读。即使是优秀的文化产品，在输入国消费者看来，也就一文不值，遭到唾弃。对引进文化产品精神客体的才质判断是：在使用要求方面，主要包括信息获得、娱乐休闲、思想情操陶冶、良好价值观塑造、思想意识形态强化等。在满足程度方面，对于消费者个体而言，主要是信息获得的及时性、身心放松、精神世界的净化、良好道德的培养、良好的售后服务等；对于民族国家而言，主要偏重于文化价值观与统治阶级意识形态的维系与强化。如果引进的文化产品对一国价值观与思想意识形态构成威胁甚至破坏，在输出国或其他国家看来非常优秀的文化产品，也有可能被输入国视作文化糟粕与文化垃圾。

要之，对于文化产品的才质要求问题，会因个人、因民族、因国家、因环境的不同而不同，没有"普世性"的大一统文化产品，是否为优秀产品，需要以动态的视角去评判，尽可能获得一个综合性的最佳组合。当然，文化产品质量的判断还是有一个基本标准的，首先是形态适宜，其次是产品特性、功能、价格、成本、服务等有一个最佳组合，最后是其给民族国家与消费者个体可能带来的精神福利的最优综合得分。

3. 形质文化产品的扬弃

对于此类文化产品的引进，首先，我们坚持"形质彬彬"的扬弃方略。要综合判断文化产品的类型及其对民族国家与消费者个体可能带来的满足，再进行抛弃、保留、发扬和提高。既不能投消费者所好，仅限于单一类型文化产品的引进，譬如，我们不能因为浅阅读时代、消费碎片化时代的特征，一味引进视听媒介产品，而应该着眼于不同类型文化产品的合理结构加以引进。同时，我们也不能投某个管理组织所好，只引进有利于其价值观与思想意识形态维系并强化的文化产品，而应该考虑综合引进反映全人类先进文化与时尚文化的各种类型文化产品，哪怕是承载美国霸权思想的好莱坞电影与麦当劳文化，我们也要进行一定比例的引进。

其次，引进者需要熟悉本国消费者个体与民族国家对不同类型或者同一类型甚至同一种文化产品的使用要求，进行分门别类的合理引进。这就要求引进者做大量细致的调研工作，要不厌其烦地监测市场消费要求的动态变化，随时调整引进计划，尤其重要的是，对引进产品的类型与才质要具有高远的前瞻性，最大化避免不当文化产品对市场主体、国家与消费者个体造成的破坏与损失。

最后，引进者要对文化产品持有整合满足需求的理念，不要固守于单个因素的极致化追求，要整合文化产品各个因素给消费者个体与民族国家带来的最佳效应，以决定是否引进。

引言

如今，法国的视听产业处于由奈飞（Netflix）和油管（YouTube）主导的第四个历史阶段。基于全新的流媒体（streaming）技术，通过互联网分发的视频可以实时触达观众。该行业始于二十世纪上半叶，这是一个只有电影院的初代阶段。其经济结构也相对简单：一边是电影内容制作，另一边是放映厅。从 1950 年开始，源自电影但又和其有很大区别的电视成为该行业的第二个领域。此后的二十年间，电视机导致电影行业失去了超过一半的观众，然而其未能在更深层次上改变后者的经济结构。除了英国这一电视行业主要依靠向公众收费、而很少依赖广告的国家，欧洲各国均普及了电视机。整个电视行业，包括技术、企业、屏幕、法规以及相关的社会研究，都是原创的，为电视而生的，尽管相当一部分内容是从四分之一个世纪前的广播行业借鉴过来的。视听行业的第三个阶段，始于录像带、有线和卫星电视、付费电视或是欧洲的商业电视几乎同时兴起的八十年代。在法国，这个转变尤为残酷。1984 年初，拥有录像机的人口只有不到 10%，每天播出七个小时的公共电视频道也只有三个。至于有线电视，则几乎没有人使用。仅仅三年以后，一切都改变了。Canal+ 电视台出现了，有线电视网络也出现了，专业频道 TF1 完成了私有化，两个新的商业电视频道——La Cinq 和 M6 也开始播出，四分之一的法国人拥有录像机，音像租赁商店也遍布法国境内。法国官方也开始重新修订行业的配套法规：如1985年《版权法》（loi sur les droits d'auter）、1986年《通信与自由法》(loi Communication et Liberté)，而监管机构和支持电视产业的基金也相继成立。第一次视听革命历时三年完成，但是其监管体系仍停留在上世纪八十年代。

上一个十年，视听行业的第三个时代已经结束。而本书的目标是揭示一个全新的、逐渐被定义为第四个时代的视听行业经济结构。

在第一章中，我们将论证视听行业内部各部门日益加强的互相依赖性，因此我们不能将领域中的各部门分开单独研究。例如，若我们不讨论通信行业的影响，就无法理解电影行业的经济结构。本书将视听行业视作一个整体，并采用一个更加全面的研究方法。我们将专注于行业各个部分间的相互影响，这些影响有时会为行业带来新的活力，有时却是一种负面的干扰。这种研究方式区别于电影、电视时代单独研究某个部门的方式。在英文学术界有着不同的研究传统，至少有两本对领域进行全面研究的经典著作：其一是哈罗德·沃格尔(Harold Vogel)的《娱乐产业经济学》（Entertainment Industry Economics），现已出版至第九版（2014）；其二是大卫·赫斯蒙德哈尔(David Hesmondhalgh)的《文化产业》（Cultural Industry），其第四版于2018年底出版。

在第二章中，我们将考察现实中的消费者：其兴趣和消费是如何演变的？其观看节目的规律是什么？第三章将专门介绍产业体系的核心：故事片或是纪录片的制作，以及创作者本身。第四章将侧重于颠覆产业结构的、公共或私有的"免费"电视节目。广告业务的危机、收视率的下降、来自油管（YouTube）的竞争、数次遍及所有欧洲国家的公共频道的合法性等问题，在现阶段都需要在国家层面寻求答案。第五章将介绍行业体系中两个新的主导者，奈飞（Netflix）和油管（YouTube）。第六章将关注付费电视经济的演进，特别是法语区的订阅视频点播（英语 SVOD，法语 VADA）。

第七章将研究好莱坞新旧主导企业所提出的，在直接触达消费者背景下的电影新经济的前景。在实体录像带几乎消失和电视份额减少的背景下，视听行业需要努力适应这个新的时代。

在结论部分，我们将认识到变革的主要因素不是科技而是全球化。在全球经济发展被市场和政界抵抗的情况下，视听行业却正以一种日新月异的方式推进其全球化进程。在过去，行业相关的法规只停留在国家层次和文化层面上，在未来，其必将提升到跨国层次和经济层面。这正是落实适应第四个历史阶段"视听改革"的重要性所在。

目 录

第一章 活跃而相互依存的系统 / 1
对视听系统的解剖 / 3
视听系统生理学 / 5

第二章 图像消费：持久性与创新性 / 13
院线电影和录像带 / 13
全球的电视观众 / 14
视听消费的新形式 / 15
衍生的国际化：外国频道的观众 / 19
获取图像的新方法 / 21

第三章 视听节目 / 23
视听节目的制作 / 23
电视新闻的活力 / 28
作者 / 30
专栏：视听产业版权的法律术语 / 33

第四章 新视听经济学 / 35
广告危机 / 36
专栏：YouTube、脸书和其他网站在用户数量统计上的反常情况 / 43
商业电视频道的衰落 / 46
公共电视台仍然是必要的 / 50

第五章 Netflix 和 YouTube：搅局者 / 57
Netflix 不可抗拒的崛起 / 57
专栏：Netflix 的推荐引擎——Cinematch / 63
专栏：2008 年 Netflix 和 Starz 之间的"奇迹"交易 / 69
专栏：Netflix 的六次股市危机 / 75

第六章 付费电视的转型 / 87
订阅视频点播的成本 / 88
订阅视频点播平台的收入 / 98

第七章 电影业的稳定性 / 111
全球电影：电影院的停滞和好莱坞的变迁 / 112
法国的例外 / 114
法国电影制作的融资问题 / 115
来自电视的钱变少了，这是否严重？/ 120

结论 / 125
附录 专业术语对照 / 131

第一章　活跃而相互依存的系统

本书所指的视听行业，是动态图像的制作、市场投放以及消费的总和。然而，该术语还存在两个更广泛的含义。第一个含义将广播包括在内，如同公共视听税——俗称"广播电视税"——这一表述。我们也有众多将广播纳入视听领域的原因：首先是其历史，在欧洲，电视台通常脱胎于先前存在的公共广播机构；其次，广播和电视同为大众媒体的一种，其收入大多来源于广告，许多主持人和记者在其职业生涯中曾先后供职于电台和电视台；最后，Audiovisuel 的词源中，Audio 是占有一席之地的。然而广播行业的经济结构不但和电视行业大不相同，还几乎与电影行业毫无关系。而且最重要的是，数字技术对广播行业的影响远不能和电视电影行业相提并论：广播行业没有自己的 Netflix 和 YouTube，也没有正在加速的全球化。这并不是说广播没有经历数字广播（DAB）、互联网分发或播客等重要技术的发展，但是至少在当下，这些技术进展对于广播行业的经济结构而言，其影响仍是中性的。

第二个和本书不同的视听行业的定义则包括电子游戏。现阶段，法国国家电影与动画中心（CNC）正在考虑将其纳入视听行业。当代的电子游戏事实上使用了动态图像技术，有时玩游戏就像在观看一场新式电影。但是电子游戏的经济结构非常特殊 [Benghozi et Chantepie,

2017]。尽管人们一再希望或是担心这两个领域相互融合，但在技术或经济层面上，其从未发生过。电影和电子游戏在数十年前便开始交换知识产权许可，即在一个领域改编另一领域的优秀作品。第一步以电影为灵感的电子游戏可追溯到二十世纪七十年代末，而第一部受到电子游戏启发的电影是 1982 年的《电子世界争霸战》，该电影由迪士尼制作，史蒂文·利斯伯吉尔（Stefen Lisberger）自编自导。自此，电影和电子游戏相互改编的作品大幅增加，但这仍然只是两个泾渭分明的领域中很小的一部分，也没能产生任何代表作。

　　因此本书所描述的视听系统，是通过各不相同的模式，将电视和电影结合在一起。自视听系统诞生之初，这两个支柱不但更加紧密地联系在一起，而且它们正在加速产生更多的模式。电视巨头纷纷布局电影业（法国的 Canal+ 和英国的 BBC），与此同时，电影业的企业也在收购电视台（迪士尼收购了美国广播公司 ABC，华纳合并了 HBO，福克斯开播了全美第四个电视联播网）。最重要的是，我们正在见证视听产品的飞速增长。截至 2018 年底，Netflix 和 Amazon Prime 等订阅视频点播服务（SVOD）得到了数亿家庭的订阅，服务了超过十亿的观众。YouTube 的用户数量也超过了原来的两倍。对于相当一部分用户，特别是最年轻的观众而言，这些服务的存在就像电视台之于老一辈人一样自然而然。而老一辈的人则将其视为无处不在的充满"破坏性"的新技术，这些新技术对直到上世纪末仍占据主导地位的传统视听服务带来了冲击。消费者对各类新型数字服务的需求是多样化的：以订阅视频点播服务为主，YouTube 等视频平台、社交网络、Molotov 和 Hulu 等视频聚合网站、视频回放服务（Replay 或 Catch-up TV）、电视盒子等为辅，这些无处不在的数字产品和传统电视的关系愈发疏离。尽管如此，本书认为在订阅视频点播平台占据市场主体地位的情况下，传统视听服务仍然保持着其存在意义。然而在短期内，了解整个视听经济的概况，是评估这些新型服务对视听经济影响的重中之重。

对视听系统的解剖

一般而言，视听行业由三个环节组成：节目制作（电影、纪录片、新闻等），内容的出版和发行（电视频道、节目单、在线频道）和面向观众的内容传播。一切技术层面的创新都不曾改变这三个环节，不论是上游的生产环节还是下游的市场投放。

在节目制作方面，变化主要有两层：一是行业引入了大量新技术，二是业余玩家和专业人士的边界正在消解。2018年，Netflix 成为了好莱坞最大的电影制作商，其影片数量和投资总额均排行前列。此外，Netflix 还被吸收进美国电影协会（MPAA），并夺得三项奥斯卡奖，这是一个世纪以来，第一次有局外人成功打进这个行业，还在行业中虎踞榜首。除了 Netflix，亚马逊和苹果这两个科技行业出身的企业也在有限程度上成功打入内容领域。但是，在战场的另一端，YouTube 和平台上的数千位视频创作者，以及新闻频道由普通用户上传的不计其数的视频正在逐渐转移这个行业的重心。

发行环节本身也充满了变化：来自订阅视频点播平台的竞争压力已经使一部分电视频道被取代了。作为一种新型的网络储存库，YouTube 不仅能够向业余人士提供创作平台，还能收录各类难以在电视台播出的节目，比如教学节目。传统的视频出版商、广播电台和电视台都因此陷入了危机。

观众的传播途径的变化更是翻天覆地。传统的传播形式——线下的音像商店、无线广播、有线电视和卫星电视、电影院——正受到威胁，甚至将被无处不在的互联网传播所取代。因此，在电子通信行业在更深层次上融入视听领域的同时，行业的经营策略和经济结构也有很大的转变。

视听领域各个部分之间有着非常密切的关联，哪怕是两个文化层面上相距甚远的业务也不例外，因此，我们必须将其视作一个"系统"。例如，乍看知名品牌的电视广告投放和文化纪录片的制作毫不相干，然而，当广告市场遭遇严重危机时，商业电视台的营收会下降，进而影响到节目工业支持账户（COSIP）和节目制作者的收入。即便存在缓冲机制，广告市场上的表现也在一定程度上影响着纪录片制作者的职业生涯。相反，一项旨在保护视听从业者的工作稳定性的法律，例如限制使用临时演职人员、增加节目制作成本，会从行业上游的制作环节出发，影响行业下游电视台的盈利。

数字技术进一步增加了视听系统各要素之间的相互依存关系。首先其为视听领域中的三个环节（制作、发行和传播）带来了更多类型的参与者：比如从前的电影只在院线或是电视播放，后来逐渐出现了线下视频点播（租赁或购买）、订阅视频点播（部分电影可通过YouTube直播或回放）、DVD、蓝光光盘、个人电脑、平板电脑还有智能手机，且不说层出不穷的盗版形式。对于视听制作也是如此，数字技术催生了许多适应YouTube平台的小型制作团队。与此同时，数字技术还开辟出了一些更短的产业链条，跳过传统的中介机构，甚至避开是监管和禁区。无需通过院线或分销商，Netflix可以直接从硅谷推出马丁·斯科塞斯 (Martin Scorsese) 或阿方索·夸龙 (Alfonso Cuarón) 导演的电影；F1 赛车创造了自己的付费电视；亚马逊和 Netflix 等下游玩家开始涉足内容制作领域；处于上游的华纳和迪士尼也尝试直接销售它们的内容。

2018 年初，法国的 TF1 电视台同 Orange 和 Free 两大电信企业就后者是否需要为其转播前者的免费频道付费产生争端。这说明电视台和电信企业之间日益增长的相互依存度，以及视听领域中不同环节间关系的变化。在旧的视听系统中，电视台需要为电信企业付费，而现在则变成了前者向后者收费。

视听系统的三个功能——制作、发行、传播依然存在，但是数字技术正在颠覆其中的权力关系。

视听系统生理学

视听系统的经济结构是建立在多样化经济来源的基础上的。

收入

2018 年，视听行业创造了略低于 130 亿欧元的营收，该数字排除了资本支出、赤字融资和合拍影片的投资。法国视听行业的收入来源主要有四种：用户付费（83 亿欧元不含税），电视频道和院线的广告收入（34 亿欧元——不计电影预告片的投放收入，因为这是行业内部的循环），国家的财政补贴（约 6 亿欧元）以及内容出口（4.2 亿欧元）。

来源于国家的收入包括税收减免、对电影和视听产品的地区性补助，以及从 2009 年开始的为补偿电视台取消晚间广告的财政补贴。用于维持各类补贴的法国国家电影与动画中心（CNC）的收入则属于行业内部的一种强制储蓄形式，而不是国家预算的税金。出口则对应于国际节目销售的实际收入。

因此，该系统收入的主要组成部分来自消费者的支出，其最深刻地反映了系统的演进。尽管"数字革命"正在发生，但是电影院的门票收入（出现于 1895 年）和电视税（发明于 1933 年）这两个最古老的收入来源占总收入的比重仍然从 39% 上升到了 44%。消费者的第一个选择在于电视频道支出，即电视付费频道套餐支出的总和，该部分的权重保持在 42—43%。但是当消费者在电视套餐方面增加支出时，就意味着其节省了诸如 Canal+ 和 OCS 等付费频道和套餐所涵盖的其他付费项目的开支。第二个选择在于视频（录像片、VCD 和订阅视频点播的总和）的消费，其占比从 19% 降至 13%。该部分从线下转向线上的趋势发展极快，但仍未完成。我们在下一章节将详细介绍 DVD 市场的发展。

就业

行政部门总是夸大视听领域的就业数据，以突出其在政治层面的重要性。此外，在官方文件中，该行业具体的工作岗位数量有着两个截然不同的数字：210000 或 340000。面向家长和学生的官方职业规划网站 Onisep 指出："电影、电视和广播是视听的三大支柱，该行业拥有约 9800 家公司和 210000 名员工"，但 CNC 给出的数据是 340000 个工作岗位。

第一章　活跃而相互依存的系统

谁在视听行业工作？——首先要明确"就业岗位"这个词。它可以是"工作合同"的意思，但是在此情况下，一个企业签发十份为期一个月的定期工作合同就意味着其创造了十个"就业岗位"。在视听行业，很多企业可能相当依赖更加灵活的合同形式（按次计费、临时演员、短期工作合同），这混淆了工作量的概念。例如，根据Audiens——一个聚焦于文化行业的社会保障和退休事务的组织——在视听制作领域，2016年有13.6万人签订了工作合同，但是其总工作量仅相当于36300个全职人力工时，也就是说，每份工作合同的平均期限是三个月。这也是为什么法国国家统计与经济研究所和经济学家们都喜欢使用全职人力工时来评估一个行业的工作量。

我们必须就"视听"一词的含义达成共识。根据不同的统计口径——是否包含广播、电子游戏甚至是提供收视接口的电信企业——最终的数据截然不同。在章节伊始我们定义"视听"时，以下视听活动必须被考虑：

• 独立的视听及电影产品制作（Insee的社会领域术语中的分支59.11 A、B、C和Z）；

• 电视频道（综合频道、主题频道和地方频道），严格意义上，电视频道的相当一部分就业岗位实际上与节目制作相关：电视新闻、体育节目、某些自制的电视节目。但我们在此更倾向于使用Insse的数据。

• 电影部门（发行和经营）

• 视频部门（发行、传播以及DVD和蓝光光盘的销售）

对于构成视听领域核心的这四项活动，我们可以使用Insee的数据（有时会有三至四年的延迟）。但在此之外，我们必须增加五种就业来源：

- 作者（他们总是很不公平地被统计数据和机构遗忘）
- 电视台的特约记者（他们按照稿件行数计费）
- 广电公司的技术服务提供商（后期制作除外），尤指电视节目控制室的人员
- 监管机构、行业工会和研究团体
- 为影视行业工作的广告中介

这五项活动的就业数据可以从专业机构获得，其相当于20000个全职人力工时。

理想状态下，灰色就业（实习生）、黑色就业（黑客）以及互联网和社交媒体上相关垂直网站的活动也应该被计算在内。但很显然，这些部分并没有可靠的数据。

这导致视听行业在2016年有86800个全职人力工时。

引人注意的是，将这些活动和上述该领域的三个主要层次联系起来，我们发现节目制作提供了该行业一半的就业岗位，内容发行占17%，内容传播占14%，监管占1%。此外，在电视台的控制室中以及广告公司中，也存在和视听相关的工作（占就业岗位的18%）。

有多少员工？有哪些员工？——在某些领域，创造或更新工作岗位的数量是已知的，例如记者，职业记者认证委员会提供了非常详细的数据。2017年该委员会认证了1682张新记者证，其中368张记者证仅适用于电视台。其他行业有时会提供一些相关就业趋势的指标，例如电影业和广告业。

但是包括视听行业在内的整个经济中，由于一系列所谓"摩擦"因素，例如退休、离职或违约，每年都有相当高的行业更替率，这一

比率在 3% 至 5% 之间，其适用于全球层面、各个子领域和大部分企业，尽管某些企业和领域的更替率可能会更高。这意味着，在稳定情况下，视听行业每年自然增长相当于至少 2600 至 4400 个全职人力工时的就业岗位。然而，在生产率没有提高的情况下，就业岗位会随着经济活动的增长而增加。例如，在电影制作方面，2013 年至 2015 年新增的 26 部电影创造了相当于 900 个全职人力工时的就业岗位，这意味着该行业可能新增了至少 2000 份工作合同。

总而言之，该领域确实处于增长状态。尽管各个电视台计划在 2022 年之前裁减 900 个工作岗位，然而专题频道、地方频道和国际频道仍然在进行招聘。我们预计，视听行业各业务总的就业净增长率为每年 1%。换言之，在上述的每年 2600 至 4400 个因 "摩擦因素" 而进行招聘的岗位中，有 900 个全职人力工时是新增加的。然而问题是，对于学校以及行业新人而言，这四千余岗位所招聘的并不全是应届生，求职者也可能来源于行业内部，这部分人被行话称为"工业界的预备队"。而且，在招聘数字的背后，该领域正在进行的产业重组也会改变部分工作岗位的供需。

就业岗位数量停滞或减少的业务有：

• 整个视频部门（出版、传播、DVD 的零售，在 21 世纪初，该部门拥有相当于 5000 个全职人力工时的就业岗位，而如今已经所剩无几。）

• 在最后一批招聘大潮中签下长期工作合同的新闻记者。

• 持临时雇佣合同的灯光师和剪辑师，这是因为新技术的普及带来的生产率提高。

• 职能岗位（人力资源、财务和技术支持岗位）。

•电视广告销售，不论是在代理机构还是在电视频道的制作组里，他们的岗位都受到了相关新技术的威胁。

相反，一些岗位正经历着重大而可持续的发展：

•数据分析师——供职于节目制作组、各类机构或电视频道本身。

•视听行业的图形设计师

•国际化的浪潮下的笔译员、配音员和口译员。虽然辅助翻译软件的发展对翻译职业构成长期威胁，但在5年内其影响尚小。

•普遍意义的电视节目国际贸易岗位

•小说作者

•从互联网开发到社交媒体运营的各种"多媒体"岗位，尽管各个电视台在过去几年已经招聘了很多相关员工，在未来一段时间内该方向依然前景光明。

•法务，尽管其大部分岗位都不是由专业的律师事务所创造的。

以电视为主的视听媒体占据了法国人四分之一的清醒时间，这是一个巨大的数字，它比工作时间还长两倍。但是这个社会意义上的巨人只是一个经济意义上的侏儒：就算是最广义的视听行业也只占据全法国0.4%的全职人力工时或是0.7%的就业量。由美国人和GAFA（谷歌、亚马逊、脸书和苹果等四大正处于危机之中的美国互联网巨头的首字母）引领的数字化浪潮正在席卷该领域。电视行业深陷危机，录像制品行业宣告死亡，电影行业衰退，广告行业一蹶不振——似乎整个领域正在没落。但实际上，情况恰恰相反：该领域的就业岗位正在小幅增长，每年新增约2000个岗位，其中九成在法兰西岛。但是这些岗位主要由统计人员、翻译员、律师和作家组成。除了少数几个正在转型以面向国际市场的头部学校（法国国立高等电影学院、里尔高等新闻学院、戈布兰图像学院、巴黎政治学院等），其余腰部学校的毕业生总体是过剩的。这主要是因为该领域对学习成绩一般的年轻人有着很大的吸引力，也可能是因为就业市场的体量被过分夸大。

第二章　图像消费：持久性与创新性

消费者在新型视听产品激增背景下的消费行为成为媒体行业许多学术研究、讨论会、学术论坛的研究目标。研究机构监测到观众的口味越来越刁钻。捷孚凯公司（GfK）评估 DVD 的购买情况、蓝光光盘以及视频点播（VOD）和订阅视频点播（SVOD）的市场行情，法国生活条件研究中心（Credoc）每年发布一份"数字行业晴雨表"，分析消费者在 IT、电信和视听方面的总体消费行为，法国国家电影与动画中心（CNC）则主要监测进入电影院的观众人数。这些监测分析工作大部分由相关公共管理部门承担：如法国国家电影与动画中心（CNC）、法国高等视听委员会（CSA）和法国电子通信与邮政监管局（Arcep）。

院线电影和录像带

人们走进电影院观影是最早的动态影像消费模式，也是受数字技术影响最小的模式。经过年复一年的起伏变化，2018 年有 2.005 亿观众进入电影院观看电影，已经后退到了 2009 年 2.018 亿的水平，所以应用长远的目光来了解影院观影的发展。

院线电影经历了两个危机阶段。第一个阶段是从 20 世纪 50 年代末到 60 年代末，这正是电视兴起的时代，电影院在此阶段损失了一半的观众。第二个阶段的危机没有那么严重，它对应着进入第三个视听时代，即 1980 年至 1990 年 Canal+ 付费电视台、录像带和商业频道盛行的十年，电影院再一次失去了接近一半的观众。不过，与第一次情况相反，这次危机解除了，从 2000 年开始，电影院的上座率恢复到高于 20 世纪 70 年代的水平。与此同时，随着多路传输的出现、屏幕的数字化、订购卡的发展和互联网的支持，电影院变得非常现代化。从长期来看，美国电影在电影院票房收入总额中所占的份额非常稳定：1986 年至 1990 年间平均为 38.1%，与 2015 年至 2018 年相同。但需要注意的是，与人口数量相比，电影院的总体上座率自 2010 年初以来略有下降，且电影院观众逐渐呈现老龄化：自 2011 年以来，50 岁以上观众的比例已超过 24 岁以下的观众，并且在此之后差距一直在增大。

相反，视频市场的发展是灾难性的。自 2004 年的消费者支出达到 20 亿欧元的峰值后，在过去 15 年里 DVD 的销量每年下降超过 12%，2018 年为 4.48 亿欧元，市场损失了其 2004 年价值的四分之三。这种下降影响到所有的影音形式，DVD 像蓝光光盘一样（在法国从未流行过），从新片到经典老片，从电影到电视剧，从美国节目到法国节目。这种发展的主要原因是盗版兴起（我们随后将在本章中看到）。

全球的电视观众

法国人总体上看电视的时间是工作时间的两倍。法国人看电视时间和工作时间这两条曲线在 20 世纪 80 年代相交，在此之后继续分叉。

1984 年左右这一交叉时期恰恰也是电视第一次被预言即将衰落的时期。20 世纪 90 年代末互联网的兴起导致了这种预测的泛滥，不过直到 2017 年，这种预言都没有成真。

然而，电视观众的行为在 21 世纪 10 年代中期发生了变化：经过 60 年的持续增长，电视观众数量的增长出现停滞，然后从 2017 年开始下降，这种现象在私人商业频道出现得更早，而且很明显（具有破坏性）。

不仅仅是法国，在大多数西方国家，电视观众人数的减少都是从最年轻的群体开始，然后才蔓延到所有的年龄层。这里我们指的是看电视频道的观众量，但消费者看屏幕的时间并没有减少。实际上，这种新型的消费者套利交易在较小程度上是 YouTube 和 Netflix 的飞速发展导致的：消费者越过了只能看电视直播的阶段，转变到另一种平衡，也就是看电视只占看屏幕时间的一半，而另一半用于看电视回放（或非线性电视）、视频平台（实际上是 YouTube）和订阅视频点播。

视听消费的新形式

观众数量的变化对电视频道，特别是对商业频道的创收来说是一个挑战，这一点我们将在第四章中看到。不过，另一些变化也正在这个观众体量中发生，这也给供应商带来了其他的问题。

刷剧

刷剧这个说法指的是观众连续看多集电视剧，甚至看一整夜。我们错误地将这一现象归因于订阅视频点播，特别是 Netflix 的繁荣发展。实际上，这一现象很早以前就出现了，我们可以追溯到在 20 世纪 90 年代，当时出现了录像带和含有多季电视剧的 DVD。法国第一次出现这种现象是电视剧《老友记》的热播，该剧当时在收视率很低的主题频道——吉米频道播出，之后在不同的无线频道播出。剧迷们厌倦了经典电视剧播放的迟缓和吝啬，他们在可以播放多集（每集 22 分钟）的录像带中得到满足。直到 21 世纪 10 年代中期，这些电视剧还被电视台用来巩固它们的忠实观众，所以对于放映者来说，为了在整季电视剧中尽可能地保持这种定期收视率，一次性只播放一集是至关重要的。但是当录像带，确切地说是订阅视频点播被足够多的观众选择时，这个作用就被破坏了。现在以几集为单位播放连续剧已经变得越来越普遍，最重要的是它们同时在网络上播放。在某种程度上，这是一种电视回放。而且现在大多数电视剧都可以先于传统电视频道提前在网上收看，这种新的形式不仅改变了节目安排的策略，还改变了这些电视剧制作的结构，剧集数量变多，每集的剧情变少。

重播（或电视回放）

重播是指通过线上观看的方式，在频道获得的权限内的任意时间收看电视节目，而不是在预定播出时间观看。观众通常很难理解"权限"这个概念。如今的频道确实必须购买比以前更复杂的播放权。传统上来说，购买一个节目只能在某一天播放，有时会在随后几天的其他时间重播几次，这就是所谓的"组播"，它是由 Canal + 频道于 1984 年为电影而开创的。现在，这些频道也购买了节目在一定时间内的线上播放权，可以在传统电视播放前开始。但频道尤其是节目的制作方和发行方在这件事上的政策并不相同。法国将逐步统一标准，但目前，在法国所有情况都被采纳。有些节目在播出前可以在线访问，有些则不能。除了在 Arte 网站上的一些片子，电影几乎从不在线播放。大多数重播权为三周，有些更长，有些只有一周，具体时间取决于制作方和发行方的协商结果。

尽管很难理解为什么有些能回放，有些不能，以及这背后的原因，但观众很快就接受了电视行业这一不可否认的进步。在法国，看重播的观众数量已经占到 2018 年电视观众的 8%。在美国和英国，截至 2015 年，一些频道的重播份额已经超过总数的 50%。我们不知道这种非线性电视消费的份额上限是多少，但很有可能会大于 50%，因此它也会成为电视消费的主流形式。

非线性观众对电视经济的影响比刷剧更具有破坏性，只有现场直播的新闻和体育频道能免受影响，但对其他频道来说，一场革命，涉及多方面的革命正在进行。首先，广告不支持回放，因为不可能插入对商业频道经济至关重要的十几个广告。其次，一个频道最重要的是黄金时段、高峰收视时间的概念，即在这些时段保留最具吸引力和最昂贵的节目。但重播存在着让黄金时段消失的隐患，后者会在短期内迅速被侵蚀。如果有一天，每两个电视观众中就有一个在看电视回放，节目时间表将只涉及受众中最常规的那部分，因此它将失去其战略重要性。这会导致一个意想不到的后果，也是一个很少被频道察觉的后果，就是整个电视的受众范围急剧下降。让·路易斯·米西卡 (Jean-Louis Missika) 和多米尼克·沃尔顿 (Dominique Wolton) 曾谈到"节目的激增"已经削弱了对'家庭主妇'的覆盖范围 [1983]"，但即使是统一的节目也不是所有人都会同时观看，这一事实会破坏媒体的独创性或其优势性。平均而言，在任何一天中，前一天看了同一电视节目的人数在20年内减少了一半，比上世纪70年代减少了5倍。2012年至2017年间，主流频道黄金时段的平均收视率下降了15%。

同样的数字可以用更形象的方式来表达。1977年，当你乘坐一辆载有20名乘客的公共汽车时，有三分之一的可能性这车上的人和你前一天看了一样的节目。而今天，这个可能性是十九分之一。因此，电视在人们聊天内容中占的比重不仅在削减，而且正在慢慢消失。

盗版

在法国，不付费收看那些正常情况下应该付费的视频仍然是一项广泛且形式多样的活动。自2010年开始，Hadopi（互联网上的作品传播和版权保护的权威机构）成立，随后合法的视频点播和订阅视频点播平台的兴起，至少为减少盗版带来了希望。但事实并非如此。2011年以来，点对点技术的使用确实下降得非常快，但其他的形式却在蓬勃发展：下载网站、视频流、付费频道流媒体。根据2014年的数据，截至2014年底，非法流媒体网站的"受众"约为600万，随着缓慢的增长，下载网站的"受众"约为800万。最近，私营反盗版组织Alpa根据相关研究估计，2018年底有1350万人定期访问盗版服务平台。2017年12月，波尔多的非法网站ARTV.watch关闭，该平台上有100多个订阅频道，并拥有80万订阅者。

这对该行业的损失是相当大的。Canal+频道估计，盗版每年导致其失去500,000名订阅客户，即每年损失2.5亿欧元。我们必须记住，Canal+ 减少 2.5 亿欧元意味着电影和电视剧的制作至少减少 5000 万欧元。安永会计师事务所 (Ernst & Young) 的一项研究估计，整个法国音像产业 (这里包括电子游戏) 每年因盗版损失 11.8 亿欧元。而视频市场下降到原来的四分之一，最终市场从 2004 年的 20 亿欧元跌到 2018 年的不到 4.5 亿欧元！如今，人们普遍认为这是一种"不可避免的非物质化"，据此，发生在 CD 上的事情将发生在 DVD 上，Netflix 会扮演 iTunes 或 Spotify 的角色，但这是一个非常不公平的替代。视频市场的下降始于 2004 年，当时超过 20% 的家庭接入了宽带，这是唯一解释得通的原因。Netflix 直到 2014 年 10 月才在法国开业，当时盗版的损害已经出现了。

2004 年，视频市场在急速下跌前达到了顶峰。同年，接入宽带互联网的家庭比例超过 20%。视频盗版的时代由此真的开始了。事实上，第一批连接到宽带的人通过点对点技术下载视频文件，但他们主要是很少购买 DVD 的观众。然而，从 2004 年开始，盗版电影的"市场"变成了普通大众，涉及所有人。这就产生了滚雪球效应，因为当盗版成为一种大规模、社会化的行为时，人们不再秘密地使用，而是在朋友面前炫耀，这很快就会使问题成倍增长。40 岁以下的人如果提议看一部从 Fnac 购买的电影，就会显得有点老套和过时。而对一些供应商来说，提供有偿盗版甚至是有利可图的。

衍生的国际化：外国频道的观众

在很长一段时间里，法国电视行业一直是一个不受外国音像业影响的"密封容器"。与任何其他市场或任何其他文化产业相比，电视产业仍然是本国性的，不受全球化的影响，至少就商业而言是这样。当然，法国电视上总是有大量的美国电视剧和电影，但它们都是由法国广播公司用法语播放的。外国电视节目只是给少数跨境工作的外国人（注：尤指在法国边境工厂工作的比利时人）播放的一种奇特现象，研究表明，除了偶尔有一场没有在国家频道播出的足球比赛，否则外国电视节目的观众数量仅限于统计误差范围内。节目主要通过无线电视播放，法国的法律禁止将频率分配给非欧盟公司拥有超过 20% 的频道。然而，在有线电视和卫星电视上，外国频道已经存在了很长时间，但没有成功。

  2010 年代末的情况完全不同。"旧容器"到处漏水。Médiamétrie 显示，所有法国人花费在屏幕前的时间中，有 9% 是在 YouToube 和 Netflix 平台上，这两个都是美国的，但这还不是全部，因为根据 Médiamat'Thematik 的数据，美国和卡塔尔的频道获得了整个电视观众份额的 4.5%（在接受外国频道的观众中占 9%）。法语频道在 2005 年吸引了超过 99% 的观众，但在 2018 年只有 86%。

  观看外国频道的观众中有一些是移民或外国血统的观众，他们数量难以统计。在法国，大约 12% 的居民出生在国外，9% 的居民是移民。人们对移民人口对媒体的应用知之甚少，部分原因是广告商明显对此缺乏兴趣，还有一部分原因是缺乏甚至禁止收集"种族"统计数据。不过，法国有一家专门负责调查和营销的公司叫 Solis，自 2007 年以来，该公司一直在进行一项名为"媒体视野"的调查，以评估在法国 24 个阿拉伯频道的受众。由于缺乏关于研究方法的信息（比如，如何对北非裔人口进行有代表性的抽样），人们必须对研究的定量结果保持谨慎，不过，调查结果数据很有意思。一方面，半岛电视台在 2007

年 7 天的累计收视率为 47%，这个数据是惊人的。另一方面，研究表明，24 个阿拉伯频道的总观众（覆盖率）稳定在北非人口的 72%。研究人群用非对称数字用户线路取代了接受信号。据报道，宗教频道 Iqraa 的观众正在增长。

尽管对接入无线网络的配额和限制在 20 世纪 80 年代生效，但真正的市场已经在法国监管的雷达屏幕下移动和国际化了。最后，要考虑到法国人观众比例的持续增长，特别是比长辈更精通英语的年轻人群体。

获取图像的新方法

实际上，在很长一段时间里，法国完全用无线电接收电视，这种情况一直持续到 20 世纪 90 年代。正是在这种相对简单的技术背景下，视听监管才得以建立。频率是一种稀缺的公共资源，所以监管部门很少会向电视频道审批频率，除非能以一些相对重量级的承诺，特别是在生产方面的承诺来交换。

然而，现在电视接收的情况完全不同了，只有四分之一的家庭还使用无线电接收电视。由于数字化和信号压缩技术（TNT Mpeg4）的进步，在 2005 以前的 6 个模拟无线电频道增加到 27 或 28 个，这个数字取决于各个地区。因此，用无线电传播的"优先权"大大减少了，略少于百分之五十的人口使用供应商的接收盒来接收电视，其余四分之一的人口通过卫星和有线电视接收。根据 Médiamétrie 的统计数据，2019 年，80% 的法国人 (4 岁以上的人口为 4620 万) 除了无线电视接收的频道，还以其他接收方式收看其他主题频道。

因此，电视发行商的职能变得至关重要。在过去，电视服务只覆盖了少数家庭，并由专门从事视听行业的公司、有线电视网络(可数字化)或卫星运营商(Canalsatellite, TPS) 提供。如今，电信公司如 Orange、Free、SFR 和 Bouygues Télécom 等控制了大部分的电视接口。

最后，互联网内容过顶服务（OTT）无需通过运营商的盒子，特别是在移动设备、智能手机或平板电脑上，就可以访问视听服务。比如一些能连接到互联网的盒子，如苹果的 AppleTV, 谷歌的 Chromecast 或亚马逊的 Firestick，不过它们有些功能与运营商的盒子一致。而其他的比如 Molotov 只是简单的应用程序，没有专门的硬件。

所以，现在不仅仅有三种，而是有十多种接收电视信号的方式。有些信号是由法国高等视听委员会监管和控制的，而越来越多的其他方式不受其监管，至少在实践中不受。

第三章　视听节目

在法国，电影的摄制始于 120 年之前，视听节目的制作也有 70 年的历史。因此，这个传统的活动有着非常完备的组织和架构。法国电影行业的特别之处在于其拥有极为详尽的行业法规（《电影法》是一份整整 936 页的文件）将电影与其他的视听产品区别开来。法国的电影导演许可证直到 2009 年才被取消，在此之前没有该证件的"普通电视导演"不得执导电影。

视听节目的制作

经常光顾电影院的人都应该熟悉高蒙电影公司的雏菊花标志、华纳兄弟的 WB 标志，以及迪士尼的几个商标，但是几千万电视观众既不知道 Newen，也认识 Tetra Media，更别说 Ici 和 Eléphant 了，尽管他们每天都在观看上述企业制作的节目。理论上法国 IP 有将近 4000 家视听制作企业（相比仅有 500 家相关企业的英国，法国的市场规模是前者的两倍），但是没有一家独大的情况发生。在 Insee 的社会领域术语中，视听领域大致可以分为 5911A 和 B 分支中的七个子领域，但现在必须在其中增加一个新的"小"子领域。

分类

故事片（电视剧、电视电影）的制作是该行业的最重要的子领域，因为其在文化层面（而非经济层面）上更接近于电影。大量的导演、演员和编剧都（曾经）从事过电影或电视的制作，就连奥森·威尔斯也为法国电视台执导过一部电视电影。在营业额方面，2017年法国故事片的营收在8亿欧元左右，故事片的数量超过了全法所有影片总和的四分之一，新影片的摄制支出占所有影片的60%，拿走了四分之一的法国国家电影与动画中心（CNC）的补贴。直到2012年，法国故事片的出口额仍是微不足道的，仅为2000万欧元，但随后其出口额翻了三倍，于2017年超过了6300万欧元。

在各个子领域中，纪录片的声望和公众关注度排行第二。2017年，纪录片获得了4亿欧元的援助资金，这与故事片的援助资金（8千万欧元）相当。纪录片的创作者多属于法国多媒体创作者协会（SCAM）。

娱乐节目（真人秀、脱口秀、综艺节目、游戏）的制作人大多隶属于一个名为视听节目工作者工会（SPECT）的职业工会，该工会称，2016年其成员共创造了10亿欧元的营收，占视听行业的三分之一，这是视听经济中最大的组成部分。这部分活动的政治地位不高，其几乎得不到法国国家电影与动画中心（CNC）的补贴。这些节目多半依赖于节目主持人的号召力，《傻瓜大盗》的往事说明了一切。其出口额不高，每年大约只有2000万欧元（例如《博崖堡垒》），在2012年后该数字停滞不前。

电视动画电影可以归类于故事片的一种，但是他们的制作技术和经济生态大不相同。2017年的电视动画电影产值可能达到了2.8亿欧元，他们从法国国家电影与动画中心（CNC）获得了 5800 万欧元的补贴。同年，其出口额达到了 7500 万欧元，超过了电视台的订单和法国国家电影与动画中心（CNC）的补贴。

现场表演转播（体育、音乐会、戏剧、舞蹈）是一个独立的子领域。基于部分电视台在其规范框架协议或是与法国高等视听委员会（CSA）的授权协议，这些节目的内容部分由少数专业公司制作，法国国家电影与动画中心（CNC）为这些节目提供约 1.2 亿欧元的资金补贴。但除此之外，这个子领域还应加上不具备转播条件或不符合补贴标准的体育和演出节目。

电视台的各种垂直领域节目也是一个子领域，但该子领域下大部分节目被认为是不符合法国国家电影与动画中心（CNC）的娱乐节目，因为它们不属于"有遗产价值"的视听作品，这类节目只获得了 3000 万欧元的补贴。而没有获得补贴的节目被归类于娱乐节目的范畴。

然后是各个单位或机构的内部宣传片，这是个没有明确定义的子领域。这些影片被称为"企业电影"，多用于培训或是宣传，通常除了在机构内部发行外没有其他发行渠道。尽管这是个欣欣向荣的领域，但却非常杂乱且不透明，它可以像一部电影，其中最有野心的一部分宣传片几乎可以被称作纪录片，但也有一些内容空洞的宣传片充其量只能算作一个成本昂贵的 PowerPoint 幻灯片。然而，这个鲜为人知的子领域却容纳了该行业相当一部分就业（摄像师、录音师、剪辑师）。根据 Insee 的社会领域术语中，电视广告的制作也是宣传片的一部分（分类 5911B）。

最后一个子领域（也是最新出现的子领域）是为 YouTube、Dailymoti 和 Viméo 等视频平台创作的视频。最初的视频大多是由业余人士（即普通用户）所上传，尽管平台的头部创作者或早或晚地被纳入专业的制作机构，如 M6 集团的 Golden Moustache 或 Webedia 集团的 Mixcom (Norman, Cyprien, Squeezie…)。这一领域很少被注意到，但从其用户数量、就业人数和经济份额来看，该领域正在飞速增长。2018 年夏天，65 位法国 YouTube 创作者获得了超过 5 亿播放量（这个数字是根据 YouTube 相对宽泛的定义得出的）。这些平台上的视频制作者数量似乎与视听行业的就业人数不成比例。YouTube 声称，其在全欧洲拥有 300 万定期上传视频的"签约用户"。假设其中的 10% 来自法国，便意味着全法国的 YouTube 视频创作者（剪辑师和混音师）的数量是行业"正式"就业岗位数量的三倍。

  总而言之，这七种视听制作模式虽然有一定的共同之处，但是其经济模式、监管框架和文化传统却截然不同。这些子领域之间并不完全泾渭分明的边界使得其定义更加混乱。例如，在信息传播方面，一篇报道可以同时为电视新闻栏目、纪录片或垂直类节目所创作，因此难以确定其归属。一般而言，纪录片和垂直类节目是没有明确边界的，就像后者和娱乐节目一样。一些 YouTube 创作者的视频也非常接近"真正"的电视节目。但是，从就业和技能的角度出发，这一领域是一体化的：剪辑师、摄像师、导演、作者、记者、商务人员和法务可以很容易地在各个子领域之间没有障碍地跳槽。2016 年，该行业（Insee 的社会领域术语中的 5911A、B 和 Z 分支）拥有相当于 28500 个全职人力工时的就业岗位，若是将企业内部宣传片的制作者（尤其是负责信息收集和报道的人员）计算进来，该行业的全职人力工时数量要增加一倍。

第三章　视听节目

一个极为稳定的领域

视听领域的相对稳定性可以从数个角度来体现。首先是企业。2018 年 9 月，法国高等视听委员会（CSA）基于 Insee 和 Audiens 的数据，发布了第三版视听制作领域经济结构的研究报告。报告给人的第一印象是该行业非常具有活力：相当可观且正在持续增长（尽管幅度不大）的企业数量（大约 4000 家企业）。然而，现实是各个入场时间较早的老牌制片商垄断了该行业三分之二的营业额。甚至我们对"老牌制片商"的定义标准（建立超过十年的企业）忽略了经验丰富的制片商成立新的分公司的情况。该行业的集中度不高，最大的十家公司只占有 16% 的市场份额。而且该行业相当封闭，因为"后来者"——即 21 世纪初成立的制片商——可能仅占有不到 20% 的市场份额。但是，全法 4000 家相关企业（其中只有不到 1000 家保持活跃）的数据掩盖了一个惊人事实，那就是法国视听行业的繁荣全靠至多 100 个优秀制作者在维持，而其中大部分人的从业时间都超过了 25 年。

体现稳定性的第二个角度是法国国家电影与动画中心（CNC）的内容补贴明细，接近一半的行业收入来源于补贴。我们观察到的稳定性有三重。首先是视听内容的时长：2017 年生产了 4873 小时的内容，与 2011 年的 4850 小时相当接近。该数字每年都在波动，并且在二十一世纪的前十年随着地面数字电视频道（TNT）的增长而增长，此后开始保持稳定。第二重稳定性则与不同类型电视节目的比例相关。自 2010 年依赖，故事片用去了一半的摄制开支，纪录片则用去了四分之一，略高于动画片的 15%，其他节目则分割了剩余的 10%。多年来这个结构没有太大的变化。视听内容的时长和不同类型节目的比例这两个参数极为稳定，甚至说是停滞或者静止不动的。这与所谓的内容创作者的保守主义无关，但很大程度上是因为相关法规的僵化。在公共电视频道反复无常的规章制度和私有电视频道极为复杂的合约条款之间，他们几乎难以获得更多的回旋余地。最后，第三重稳定性在于预算。故事片预算和十年前几乎一样：人工费用占总预算的23%，艺术版权开支占7%，配音（配乐）成本占12%，服装和布景费用占8%。

因此，在法国，十年来都是同样的制片商，使用同样的预算，制作同样多的内容，其监管框架也大致相同。诚然，确实有一些制片商做出了一些微小的改革，产生了一些微小的趋势和一些资本层面的微小变化，但这些拼命摇动的小树并不能改变整座森林的令人印象深刻的稳定性。这与视听领域其他部分的暴风骤雨形成了鲜明的对比。

电视新闻的活力

新闻是一个相当大的领域，但是我们很难找到足够严谨的经济数据。市场上诚然有像CAPA公司这样深耕新闻赛道的专业制片商，但是大多数新闻节目都是由电视台自有的新闻编辑部制作的：例如连续播放新闻的新闻频道、老牌电视频道的综合新闻节目，以及体育频道等各类主题频道的新闻节目，还有全法国拥有最多视听记者的地区电视台Fance 3。2018年，据法国职业记者认证委员会估计，全法共有约35000名职业记者，其中19%供职于电视台（也就是约5500个岗位，其中一半由法国电视台提供）、视听制片商或相关机构。

自2012年，在所有为电视台工作的持有职业记者证的记者中，只有不到四分之一是按稿件计算报酬的特约记者。这一比例是稳定的，特约记者的数量在二十一世纪前十年的后期出现了增长。

1998年，只有8%的记者为电视行业工作，而20年后这个数字增加了不止一倍，这个现象是在纸媒危机导致的报社大规模裁员和新闻频道与体育频道蓬勃发展的双重影响下出现的。

地面数字电视（TNT）上四个免费的新闻频道（BFMTV、LCI、Cnews和France Info）的收视率出现了增长：2019年1月，其收视率是5.3%，如果算上拥有638名员工的France 24、BFM Business和转播国民议会和参议会活动的议会频道，我们可以断言电视新闻制片是一个蒸蒸日上的业务。然而2010年初，市场对该业务的看法却相当悲观。越来越多人通过智能手机浏览实时推送的新闻，诸如Vice，Buzzfeed和Hufftington Post等仅在线上发行的新闻媒体成倍增长，脸书等软件之间从社交软件向媒体转型，这似乎预示着传统的电视新闻即将被来势汹汹的数字化浪潮所吞没。但事实却是相反的，线上新闻媒体陷入了严重的财务困境，2019年，单在美国就有9000员工被裁员。由于遭到传播虚假新闻的指控，脸书正在逐渐退出在线新闻业务。

电视新闻形式之所以能顽强生存，很大一部分原因是电视新闻制作者们大规模地使用新技术。记者们掌握所有数字工具的速度比视听领域的其他任何部分都要快，这大大降低了新闻的单位制作成本：智能手机和无人机的使用，团队规模的精简，设备尺寸的减小和相机性能的提高，尤其是虚拟合成的系统使用。其次，在公共服务中，尽管转型是痛苦的，传统的记者和编辑的分野也被逐渐抹去，一个员工需要同时胜任两个职位。最后，积极发展推特阵地和合理使用业余用户提供的图像也是电视新闻顽强生存的原因。

作者

法国的法律认为作品属于个人，也就是创作者。在美国的著作权法中，作品归属于抽象实体，即制片商。在大西洋的两岸，一边是自然人，另一边是企业。但是，由于创作者只是由一个个个体所组成的群体，因此视听领域的经济分析往往会将前者忽略。然而，相比其他任何一个行业，视听行业更加依赖数量相对较小的那么一群人的创造力，而这群人中的绝大部分不属于任何一家企业。

视听节目的创作者主要是编剧、对白编写者、导演以及配乐师，某些情况下，创作者的身份可以扩展到其余参与创作作品的人员，例如摄影指导和布景师。

大多数的编剧和纪录片创作者使用两种方式结算报酬：当制片商在进行委托时支付费用或者是其他企业在收购其作品时支付费用（例如故事片的法国戏剧作家和作曲家协会 SACD、纪录片方面的法国多媒体创作者协会 SCAM）。这两种方式是获得著作权的法律形式。

第二笔费用在作品发行以后支付。导演属于创作者的一种，但是他们作为技术人员也能从制片方获得一笔工资。

2015 年之前，每年获得超过 10000 欧元的作者数量保持强劲增长，此后一直保持稳定。这些雇员约占视听领域就业人数的 5%。

这两个创作者协会获得的版税稳步增长，2018 年约为 2.8 亿欧元，而 2012 年为 2.4 亿欧元。但是，戏剧作家和作曲家协会（SCAM）和多媒体创作者协会（SACD）从视听领域仅获得了相当于该领域 2.2% 的资金收入。

对于作者来说，像 Netflix 这样明确表示将在新作品上投入大量资金的新角色的出现是一个好消息。更重要的是，这些新势力提供了至少两个令人愉快的自主权。

首先是不再一刀切地对收视率提出要求。当然，为奈飞或亚马逊制作的电视剧必须受人喜爱。在美国，制片人们焦急地检查他们在 Metacritic 或 RottenTomatoes 等网站上获得的评分，平台则每分每秒都在关注观看他们节目的订阅者数量。但与商业电视频道的残酷竞争相比，这一切都如天堂一般。国际化的受众群体总是有助于淡化负面评价。专家看法和收视率呈反比的情况并不少见，在订阅视频点播平台中，观众评价比传统电视重要得多。

第二是其拥有更微妙的自主权：原有的标准格式被淡化了。作为一份节目表的基本组成部分，电视连续剧长期以来围绕着两个经典准则："52 分钟"和"26 分钟"。这是理论上的电视剧时长，通常只有平均几分钟的变化，仅有一些大胆尝试的剧集时间更长。算上广告时间，这些剧集在节目表中对应一个小时或者半个小时的时长。

但自 2015 年以来，英美电视剧的经济重心已经从电视频道转移到以奈飞和亚马逊为主的订阅视频点播服务中。然而，由于无需填充线性的节目单，后者并没有对剧集长度做出类似限制。

网络平台不需要在剧集间隙插入广告，也无需编排播出时间固定的节目单。网络平台所推崇的"刷剧"观看模式，即长时间连续观看多集节目的行为，使其没有更多坚持时长准则的理由，除非他们将节目转售给传统的电视台。随着视听经济模式越来越有利于网络平台，电视台可能必须要适应新形式了。这种打破原有剧集时长的行为也存在其他形式，因为一些非常冗长的系列纪录片很难被排进电视节目单里。最近一个例子是由肯·伯恩斯执导的纪录片《越南战争》，其最初由 PBS 制作的版本共有 18 集，后来 Arte 电视台播出该纪录片时，将其重新剪辑成 9 集，每集时长仅一个小时。而订阅视频点播平台则没有这方面的问题，并且越来越频繁地参与这类节目，这对创作者而言也是一件好事。

然而对于法国的创作者来说，还存在一个问题。订阅视频点播和电视回放的发展并不影响创作者协会的收入，因为欧洲和法国的法律要求在线平台要像其他类型的视听播放渠道一样给予创作者协会分成。例如，奈飞早在 2014 年就和法国戏剧作家和作曲家协会（SACD）签署了协议。然而问题是如何在创作者之间分配这些资金。最常用的根据播放时长分配资金的方式只适用于收视率不断下降的电视端。戏剧作家和作曲家协会（SACD）已经与奈飞达成了一项了不起的协议以适应这种情况，后者将向前者提供必要的数据以供前者在创作者之间分配资金。但美国的其他服务和电视回放服务并非如此。只要订阅视频点播和电视回放只占收视率和收入的一小部分，所有的修修补补都是可能的，但是长期来看创作者协会必须调整他们的资金分配模式。

在欧洲其他地方，创作者组织没有像戏剧作家和作曲家协会（SACD）那样的议价能力，奈飞和 HBO 的采购部门有时会使用一些"霸王条款"。比如在签订合同时一次性买断所有权利，并拒绝根据作品的市场回报支付版税。

因此，在 2018 年秋天的丹麦，导演、编剧和演员们联合起来，签署了要求根据作品收视情况支付版税的集体协定，并拒绝与奈飞签订任何违反丹麦人集体协定的合同。

专栏：视听产业版权的法律术语

知识产权（Propriété intellectuelle）：这是知识产权法（CPI）中所定义的最常见的两个术语，其包括两个分支，文学艺术产权（Propriété littéraire et artistique）以及工业产权（Propriété industrielle）。

文学艺术产权又包括两个分支：著作权和主要涉及到表演者的邻接权。

工业产权包括专利、商标权和产地命名标志。

合作作品（Œuvre collaboration）：多人在共同且协调的灵感的驱使下共同创作的作品。几乎所有的故事片和纪录片都是合作作品。在这种情况下，尽管存在合作，每个人仍然拥有特定的版权，这与集体作品的情况不同。

集体作品（Œuvre collective）：最初适用于字典和百科全书的版权，这一概念在一定程度上扩展到了报刊和期刊。

征收版税（Perception de droits d'auteur）：版税是一种受法律约束的报酬形式，与特定的社会税（AGESSA）相对应。

第四章　新视听经济学

2018年6月，摩根士丹利银行发布了一份关于欧洲各大电视集团的报告，引发了股市的恐慌。报告指出，订阅视频点播不可阻挡的渗透率增长将导致电视广告收入的下滑，一旦前者覆盖了超过20%的人口，电视广告收入还将加速下滑。该报告得到了大量的媒体关注，但其只是延长了近三年来股市对广电行业危机的预期。欧洲四大广电市场龙头企业的股价变化已经说明了一切：从2015年6月到2018年6月，意大利的Mediaset、英国的ITV和法国的TF1的平均股价下跌至原来的42%，德国的ProSieben Sat1的股价是越来的53%。反观同时期奈飞的市值增加4倍，亚马逊则是4.6倍。

电视经济的主要特点是其成本相对固定[Le Champion，2018]。不论其拥有2000万观众还是只有一半，其填充节目表的成本是相同的，传播信号的技术成本也是不变的，因此，电视频道发展出了控制成本的能力，但面对其赖以生存的营收时却没有太多办法。然而，在21世纪初，行业出现了一系列创新，一方面改变了广告市场的运作方式，而另一方面则影响了观众。不论在法国还是美国，谷歌和脸书在广告市场的份额之和都超过了整个电视行业，YouTube也在蚕食后者的受众。

从1998年开始，网络广告媒体的出现对于广告市场的结构产生了破环性的影响，其影响作用于整个媒体经济，最后也影响了民主政治。起初，这都是些边缘化的媒体，仅仅十几年时间，他们便超过了电视行业，一跃称为大多数发达国家广告市场的主导。

广告危机

二十年来停滞不前的全球市场

所谓的广告市场又两个统计口径：首先是广告主的支出，即我们平时所说的"公共关系投资"；其次是媒体、电视、广播、报刊和现在的数字媒体所获得的实际收入。后者的数额相对于前者要小：广告公司（广告代理商和广告网络）拿走了他们的报酬。另一方面，并不是所有的广告支出都流向了媒体，也可能用于广告牌、地面推广、充斥信箱的"无地址印刷品"以及其他形式的促销活动。因此，根据法国高等视听委员会(CSA)发布的报告，法国的企业和行政部门在2017年的"公共关系投资"总额为307亿欧元，但是根据广告研究所(IREP)的数据，媒体广告收入只有101亿美元。两者之间的差异很大，达到了3倍。

但就目前而言，不论采用何种测量工具，不论是哪个国家，其趋势是一样的。从长期来看，这非常糟糕。直到2000年，广告商的支出总是比GDP的增长要快，有时甚至快得多。以法国为例，在1997到2000年间，GDP每年增长超过3.5%，但是广告增长超过6%。然而自2000年后，一切都停滞甚至逆转了。广告业的增长速度经常性低于GDP增长率，有时（2004年至2009年间）甚至出现了萎缩。应当指出的是，在法国的资本主义历史上，这个现象是历史性的。另一方面，在世界范围，特别是美国，也能观察到这个现象。然而，2018年比前十年要好得多，根据广告研究所（IREP）的数据，整个市场增长了 4.2%，其完全由"数字"收入所驱动（增长了 17%）。

广告主支出增长的停滞自然而然地打击了广告公司，但对于媒体而言情况更加糟糕。在过去二十年里，不仅收入不再增长，而且被两个新入场的玩家——谷歌和脸书——占据了三分之二的份额。结果是路人皆知的：纸媒失去了一半的收入（若是从 1990 年开始计算，则是失去了四分之三的收入），而电视的收入水平则跌回了 1996 年。

在非常有利的商业前景的吸引下，私营电视频道出现于上世纪八十年代后期。在 1985 年至 1995 年十年间，法国私营电视频道的营收翻了三倍，从 10 亿欧元增长至 30 亿欧元，然后从 2000 年的高峰期往后，在一路颠簸中出现了下滑。2018 年，营收已经回落到 20 年前的水平。在其他任意一个行业，哪怕只是更短期的营收下降，我们都可以将其称之为工业事故了。2018 年得益于各大广电集团数字业务的反弹（+2.4%）只能说是减缓了这个趋势。

根据 e-marketer 工作室针对 2019 年美国市场的预测，"数字企业"占据了市场的多数份额，即 54%。在这 54% 中，仅两家企业就占据了其中的 20%：谷歌（37.2%）和脸书（22.1%）。纸媒失去其 18% 的份额，而广播和电视失去 2% 的份额。

广告行业如何应对？

早在数字时代到来之前，20 世纪 80 年代末轰动一时的集中化浪潮就给广告行业带来了第一次深刻变化。黄金时代的大多数广告公司都消失了：奥美、RSCG、凯络、智威汤逊和TBWA等"金钱时代"的龙头企业在1987年至1993年被吸收。此后，集中化浪潮仍在继续，尽管在时间层面上更加分散，2019年，全球仅剩下四个大型广告代理集团：美国的埃培智（其前身是麦肯公司）和宏盟集团（旗下拥有黄禾广告、李岱艾广告和恒美广告），英国的WPP集团（旗下拥有智威汤逊、奥美、扬雅、索福瑞、凯度）以及法国的阳狮集团（李奥贝纳、FCA）。在这四个集团之后，还有日本的电通（收购了英国的安吉斯，而安吉斯本身已经收购了凯络）以及哈瓦斯。由于这些合并涉及上百个国家的数万个工作岗位，其间并非一帆风顺，例如WPP在2019年一次性裁掉了14000名员工。

数字技术对该行业产生了两个重大影响。首先是数字媒介上的广告位的销售方式所造成的结果，也就是我们所说的"信息系统"，在这种情况下，广告位的购买、设置和传播都是自动进行的，在大型数字媒介企业中，费率也是由拍卖系统自动设定的。这个系统最初由谷歌开发，而后也向电视行业普及。这种情况下，既有自动化破坏就业岗位的情况，也存在着职能的转移：一些曾经是广告公司的工作，现在往往直接由广告主完成。根据BIPIgroup为Afdas进行的一项研究，广告代理商损失了8.6%的员工，广告网络损失了5.8%的员工，即总共约10000个岗位，相当于法国电视台的员工总数。

和人们的想象不同，这个主导广告位销售的新系统并不是一种简化，更没有将广告公司淘汰。相反，谷歌或脸书这样的技术企业很好地掌握了这个基于复杂技术的新系统，而广告行业的传统玩家就差得多了。新式的广告公司纷纷涌现，他们提供的系统要么用于执行交易

（数字信号系统、广告交易平台、供应方平台），要么用于控制（广告欺诈和广告评级等）。这种销售形式有一个反复出现的问题：这些广告公司出售的是广告观看量，但是其并不总是规定广告在何种内容旁边得到观看。例如，2019 年 2 月，在 YouTube 上，雀巢的广告出现在恋童癖内容的旁边。因此，为了监测这类风险，专门化的广告公司应运而生。据估计，这些技术类企业总共可以拿走一半的广告宣传预算。各大广告代理商也都收购了聚焦相关垂直赛道的企业。

但是，在全球市场萎缩的背景下，广告行业的深刻变化给广告代理商、广告网络和媒体带来了严重的人力资源问题。在上世纪八十年代，相关领域扩充了很多职员，尤其是持有文科文凭的商务人员。今天，这个领域需要的是数学家和极客。这个老迈的年龄金字塔在面对来自加利福尼亚州的企业的竞争时，就显得没有那么从容了。

更重要的是，在业务转变的同时，数字技术给行业的传统玩家带来了第二个威胁：一个新的、非常期待的竞争对手——咨询公司。二十一世纪一十年代初，埃森哲、普华永道和和德勤开始收购专业的广告代理商，提供从组织咨询到市场营销再到市场定位以及促销战略的"全方位服务"。相比一般的广告公司，老牌的咨询或审计企业通常能对接大集团中更高等级的管理者。当广告公司解决市场总监的问题的时候，埃森哲正在和首席执行官会谈。在数字革命和商业环境的深刻转型之下，"全方位思维"是新入局者们在这个不断变化的市场中一张极好的名片。

为何数字技术能够主宰广告市场？

这个问题说好听一些是过时的，说难听一些是可笑的。事实就是这是一个熊彼得式的创造性破坏的过程。数字媒体现在拥有庞大的受众群体，可以更加灵活地按照用户的意愿进行定位，因此他们能为用户和广告主提供更好的服务。他们能够脱颖而出是因为他们更好，但并不仅如此。

我们可以用另一种方式看待问题。从用户角度出发，法国高等视听委员会（CSA）委托BearingPoint工作室进行了一项值得关注的研究，研究指出了一件奇怪的事情 [2018,p.40]：在2017年，脸书的用户平均使用时长减少了两分钟，但是用户平均广告收入却增长了49%。这清楚地表明，脸书正在销售除了用户以外的东西。此外，用户数据可以被扭曲，但无论如何，我们也不可能断言谷歌和脸书占据了所用媒体的使用时长或用户数量的三分之一。就花费的时间而言，至多10%到20%的时间花在了电视上。如果我们再加上收听广播或阅读报纸的时间，就这两家公司的成就而言，我们必须认为他们"值得"10%的市场份额。然而，他们拥有30%的市场份额，在美国甚至更多。

因此，我们必须寻找除了观众数量外的其他论据，至少有三点。首先是数字媒体所受的监管较宽松。电视作为上一代媒体之王的代价是监管部门对其尤为关注：屏幕时间限制、广告时间、禁止投放电视广告的行业清单、新闻节目禁区以及禁止"针对性"的广告。这些监管因国家而异，但在欧洲范围内，谷歌、脸书或是推特的广告网络成功地向广告主解释，他们拥有更多的自由。

第二个论据，也是最重要的论据，是对用户的定位。脸书和谷歌凭借其巨量的用户个人数据的积累，可以针对性地为广告主提供目标用户。即使其他的广告网络并没有被完全禁止进行类似行为，但只有大型数字企业能根据年龄、性别、地理，尤其是根据爱好，提供精确的目标用户。

第三个论据是竞争对手的孱弱。对于纸媒而言，这个问题在数字时代到来之前就已经存在了，读者越来越少，以及，越来越老。但是就算没有谷歌和脸书，电视也是一个正在衰退的广告媒体，后者在二十一世纪头十年已经浪费了很多时间来理解变化了的市场规则。

因此，数字媒体已经跨过了通过模拟信号播出的媒体的城墙缺口。但这是否足以解释和他们实际用户数量形成反差的广告的成功，是值得怀疑的。我们可以着重指出两个市场运作中的反常现象。第一个现象涉及费率问题。脸书和谷歌都处于经济学家称之为的定价者的地位，这一部分原因是他们的体量，另一部分原因是他们的融资模式。诚然他们想要使自己的收入最大化，但是其真正考虑的是纳斯达克，而不是他们在某一细分市场的收入。他们完全有能力在一个国家采取降价措施，以削弱其竞争对手，因为他们知道自己的市场份额会让其竞争者不得不在价格上与之对齐。在片前广告市场中（也就是在线视频开始时所插播的广告），YouTube 就处于这种情况：几乎无限的广告库存和超过 50% 的市场份额。这就是"千人平均成本"的演变过程，即广告主需要为 1000 广告播放量支付的价格。例如在法国，当各大电视台试图以 20 至 23 欧元每千次播放量出售广告位时，谷歌可以提供低于 10 欧元的报价，有时甚至低于 5 欧元。根据脸书自身提供的用户数据（如果我们采信的话），这个价格甚至可以更低。

2018 年 3 月 20 日，欧盟委员会对谷歌滥用其在广告市场的垄断地位，通过 adSense 系统从第三方网站分享收入的行为罚款 14.9 亿欧元。我们在处罚决定的详细公报中可以获知十年间谷歌的违法行为。

另一方面，市场上的第二个反常现象是，这些数字媒体的业绩情况是由他们本身所评估的。在媒体界有一个比较通用的规则：他们的用户数量必须有一个中立客观的第三方机构来评估。当纸质报社是唯一一种媒体时，广告主可以要求印刷厂来检查他们的广告的印刷量，报社并没有阻止这种行为。当广播出现后，很快就有专门的机构来评估他们的听众数量，比如二十世纪二十年代的尼尔森。电视台在数千个家庭样本中安装收视记录器之前也采用了相同的系统。但是数字媒体并不认为应该尊重这一传统。YouTube 的观众数据由 YouTube 自己提供，脸书观众数据由脸书自己提供。雪莉·桑德伯格在领导脸书的商务运作之前曾供职于谷歌，负责谷歌的商务事宜。她可以说是互联网广告的维克多·弗兰肯斯坦，她对这个系统有着深刻见解。因为，显而易见，没有人比自己更了解自己。2016 年夏天，全球广告界中的大型广告代理商阳狮集团发现了这个秘密，脸书也道歉了，并且坦率地承认其几年来一直夸大了用户数量。这是最重要的问题，也是仍未解决的问题：我们怎能相信那些利益相关方提供的不可证伪的数据？

BearingPoint 在研究 [2018,p55] 中列出了脸书在 2017 年承认的十个错误中的四个：

高估了从脸书引流至广告主网站的流量；

高估了用户花在即阅文章上的时间，约 7%；

高估了片前广告的观看率；

高估了视频播放量：两年来，脸书高估了每个用户观看视频的时间，有时甚至高达 80%。

专栏：YouTube、脸书和其他网站在用户数量统计上的反常情况

数字媒体，尤其是社交网络，总是严重地高估了自己的用户数量。但是，作为利益共同体，这些媒体中的数字负责人通常是高估数据的从犯。一个新闻频道没有观众？他们只需要在脸书上获得数百万的视频播放量，那就是反败为胜了。一个传统媒体被指责没有跟上"数字时代"？也没关系，只要在推特或脸书上积累足够的粉丝，就足够证明大批年轻网民正在关注他们。若是运气再好一些，公共媒体的监管机构或是私营媒体的股东就会祝贺他们在"数字化转型"方面的成功。但是，在数字上，"视频浏览量"这个概念并不足以说明什么。

第一，尤其是在油管中，我们必须对有机的用户和付费推广的用户进行区分。对于后者，我们必须向脸书付费，以在其算法中"提升"该信息。通常而言，如果我们不付费，我们的信息就会沉在列表底部。除非用户对此感兴趣并先入为主地搜索信息，在这种情况下，我们将用户称之为"有机的"。通常这两者的关系是1∶50，因此为了让数字更加漂亮，是需要进行一些付费的。

其次，所谓的自动播放也是一个问题，在这些平台上，只要我们进入一部分或是所有的视频的界面时，视频就会自动播放。合法的计算方式是仅统计用户的点击量，但事实并非如此。

第三个问题是视频的观看时长。一个"视频浏览量"可以指四秒的片段，有时甚至还没有声音，也可以是花一个小时完整地观看一个节目。将这些不同的数字叠加进视频观看总数完全是无稽之谈。但是，这是每天都在发生的事情。脸书将播放了三秒的视频计入浏览量，而

YouTube 则是十秒。

电视界所犯下的最严重的错位是将 Médiamétrie 所提供的传统观众数据与数字格式的视频观看量相加。这有点像把一个国家的汽车和玩具车的产量相加，来衡量汽车的产量。

电视台与数字技术：含糊不清的关系

如果你不能打败他们，那就加入他们。这句格言概括了电视台对数字服务的整体态度。这也显得前者并没有那么落后。这似乎是一个不错的观念，但是，当面对奈飞、YouTube 或脸书时，每个电视台的情况是不尽相同的。谈论电视行业时，我们不能将所有电视台看作一个整体。大多数欧洲家庭可以同时收到数百个不同的频道。几十个电视台有时会组成游说团体以改进监管规则，但电视台仍然是一个非常多样化的群体。毕竟一个本地的小型私营频道与 22 亿欧元的预算和 3600 名长期雇员的德国电视二台（ZDF）又有何共同之处呢？更别提付费电视台和公共电视台、大型综合性电视台和专题电视台的区别了。

对于大型综合付费频道，如 Canal+ 和天空电视台，毫无疑问他们最大的直接竞争对手是奈飞和亚马逊。后两者不仅威胁到他们的观众群体，还与他们竞争获得独家节目的机会。此外，新型的视频点播平台仅收取 10~15 欧元的标准订阅费，而付费电视频道一直以来都以超过 35 欧元的价格构造其经济模式。

然而，面对这三个"数字"巨头，电视频道编辑们的反应却不尽相同。我们发现，YouTube 是电视频道的直接竞争对手，他们正在争夺 24 岁以下人群中主要视听媒体的地位。在整个欧洲，这个年龄段的电视观众正在迅速减少：例如，从 2015 年到 2018 年，该数字在法国下降了 25%。部分 YouTube 创作者的知名度现在可以和传统的电视主持人相提并论，甚至高于后者。他们甚至被邀请参加老牌电视台的脱口秀节目，并在节目中摆出一副居高临下的样子。在德国，公共电视台最大胆的响应是建立了视频点播平台 Funk，这一网站汇集了德国电视二台（ZDF）和德国公共广播联盟（ARD）的资源，但其中的大部分内容都是由 YouTube 创作者提供的，而不必是公共广播和电视团队创作的内容。相比英国广播公司（BBC）的数字产品改造举措，这无疑是正确的做法。但是，我们也该认识到，对年轻人而言，传统电视台和 YouTube 之间的战斗已经结束，结果是后者完胜。

对于记者而言，推特从一开始就像穷人的法新社（AFP），这是一个免费且即时的报社，人们可以在办公桌前甚至床上挖出独家或准独家的新闻。唐纳德·特朗普已经将推特作为其主要沟通渠道。因此，推特和媒体的生态关系是共生的，后者是前者的寄生虫，后者以前者为食，但也给了前者相当大的流量作为回报。许多节目邀请他们的观众"在推特上做出反馈"，然后他们就可以说："在社交网络上，我们如何如何……"而且，和 YouTube 与谷歌不同的是，推特还不是广告市场的主要参与者。

对于脸书来说，其与电视台的关系更加模糊不清，长期以来，包括广播在内的视听媒体一直在为其提供免费且持续的宣传。如果没有这些宣传，该公司永远不会获得现有的用户规模，而仅仅是一个小众的应用。但是脸书的规模使其成为所有交流的必经之路。然而，这家企业丝毫不打算掩饰其以视频为导向的战略，并且成为 YouTube 和电视台的对手，也许有一天会成为奈飞的对手。不过，脸书和谷歌对

2013年以来广告收入增长的停滞负有共同责任。然而我们还是感到了隐患，因为数起丑闻已经证明，其个人数据的保密性是值得怀疑的，但几乎所有的电视台都在其网站和应用上设置了一个脸书的按钮，这不仅是为了在脸书上传播他们的节目，也是为了保证其曝光度。从逻辑上讲，电视台理应无视脸书，或者至少在他们的节目、网站和应用程序中提及脸书的存在时向后者收费，而不是做着相反的事情：向脸书付费。

商业电视频道的衰落

电视企业的股价下跌主要是由于美国大型基金的撤离对其投资能力产生了累积性的影响。当奈飞轻而易举地在债务市场上融资数十亿美元时，欧洲的电视公司在本地的资本市场上只能吃到闭门羹。当这些公司无法投资未来的时候，他们的市值就会下降，然后进入危险的恶性循环。因此，大型私营电视频道的战略以防御为主：依托现有观众群体提高广告收益，在主力频道以外建立补充频道，尽量维持（至少说不要失去太多）体育赛事和故事片的版权，然后向当局争取监管框架的放宽。

在短期内这个策略卓有成效，电视企业仍然能保持盈利，但是电视广告市场的增长仍受到两方面的威胁：数字广告媒体（也就是谷歌和脸书）的商业优势，以及黄金档被侵蚀的趋势。

事实上，电视的主要优势是其可以提供非常高的瞬时收视率，但这个优势正在被削弱。在广告市场上，一个被1000万人同时观看的广告时段的售价比十个被100万人同时观看的广告时段要贵得多。

这种赢家通吃的现象对商业频道的盈利能力至关重要。若是一天中的每个小时都有15%的收视率并不见得是一件好事，若是在黄金时段有30%的收视率，哪怕其余时间只有5%，也能获得更多的利润。然而，头部电视台的黄金时间正在被缓慢却又不可改变地侵蚀。电视频道数量的成倍增长是旧的因素，现在有着更多新形式的点播电视试图分一杯羹。商业频道为了维持自己的竞争力，也极不情愿地开始提供免费的节目点播。无论如何，他们试图丰富自身的商业吸引力。实际上，在线节目的广告更容易被观众避开，而且其也不可能像电视那样插入能带来大量利润的超长广告。无论是电脑端、手机端还是电视端的在线视频观看规律，其时间曲线往往与电视别无二致。因此，YouTube、脸书、奈飞和亚马逊也参与了黄金时段收视率的侵蚀。这便是摩根士丹利在2018年6月的报告中所说明的重点，尽管报告将这个现象塑造成了奈飞的独奏，但实际上这是一个数字管弦乐队的交响演奏。

然而，商业电视频道的经济问题并不算一件新鲜事，在电视频道倍增的时候这场危机便出现了，数字技术只是加剧了这场危机。这件事对于在地面数字电视上拥有30余个免费频道的观众而言是一件好事，但对于电视频道而言，这是个缓缓降临的灾难。法国高等视听委员会（CSA）为竞争管理局发布了一份令人印象深刻的意见[CSA,2017]。其中有一个数字值得注意：从2007年到2016年间，"影响力广告"，即那些被五百万电视观众同时收看的广告，减少了一半。2007年，在地面数字电视时代伊始，这些广告占据了27%的广告位，但在2016年只占8%。而且，由于电视频道数量的增加，电视广告总量增长了62%，但是总收入却没有增加，若是扣除通胀因素，收入甚至下降了25%，这意味着电视广告位的价值已经在这段时间内坍塌了。毫无疑问，来自数字媒体的正面竞争肯定是原因之一，但这一趋势早在脸书和谷歌占领市场之前就发生了。

尽管并不比欧洲整体人口的老龄化速度快很多，电视观众的平均年龄还是在不可避免地增长。我们可能会逐渐发现，TF1和M6电视台的广告主会开始关注以往被忽略的50岁以上的中老年观众群体，他们拥有全社会一半的购买力，而且相比年轻人，他们对传统电视更加忠诚。长远来看，至少在晚上或是休息日，家庭将继续聚在一起，并倾向于简单且无需选择节目的传统电视，而不是麻烦的"点播"服务。另一方面，电视频道的员工们也并不是无事可做，他们将在很长一段时间内继续准时播放新闻和消遣节目。并非每个人都需要24小时不间断的新闻轮播，各类无脚本的节目，比如真人秀和脱口秀将继续吸引观众，尤其是那些喜欢在第二天谈论节目的观众，这意味着电视能够让人们聚集在一起。在未来很长一段时间，在YouTube的漩涡中，电视频道仍将是一个拥有漫长职业生涯的稳定地方。如果大型体育赛事的版权从免费电视频道中被夺走，又从付费电视频道中被夺走，那么，这些失去了最广泛的群众基础的大型体育赛事就会失去其意义，也会失去其赞助商。同样，各种拥有现场直播的"大事件"，比如选举之夜、加冕典礼、获胜队伍的凯旋庆祝，正是因为电视的现场直播，才显得这是一个"大事件"。

然而，频道电视的确正慢慢衰退成视听领域的第二梯队，因为其没有新上映的电影，也不能"刷剧"，连长期以来的高科技光环也被夺去。

不过，我们不能将电视经济的衰退等同于电视集团的衰退。电视频道正在衰落，但是电视集团正在实现多样化，并仍然是该领域的主要玩家。英国的独立电视台、德国的 RTL 电视台和 Pro7Sat1 电视台、西班牙的 Antena3 电视台、意大利的 Mediaset 电视台、法国的 TF1 和 M6 电视台都认识到，他们的传统业务正逐渐被封闭在一个不断收缩的透明笼子里，他们没有受到倒闭的威胁，但是他们的传统业务不再增长。同时，其最受欢迎的晚间节目的成本开支不可避免地节节攀升。他们眼睁睁地看着年轻观众逃往 YouTube，而他们与社交网络的关系却显得不明朗，甚至是不平等。电视上的所谓"青年节目"也难以阻止年轻人的逃亡。在法国，电视台可以寄望于放宽哪些旨在旧的视听时代具有意义的监管限制，比如广告规定和创作规则，以获得些许喘息空间。但是所有的努力都旨在减少对广告市场的依赖，例如投资节目制作、发展或收购数字企业。除此之外，TF1 电视台收购了 Aufeminin.com 网站和故事片制作商 Newen。欧洲市场的领导者 RTL 集团（法国 M6 电视台的大股东）在其年报中强调，电视广告收入占总收入的比值已经低于 45%，其未来的投资将集中在视频点播服务和节目制作上。

在商业电视台的经济模式中，只有一个部分在中期内具有清晰的方向：发行。我们正在从由电视频道向转播商付费的经济模式（根据发行网络的规模，费用在每年 800 万欧元到 1400 万欧元不等），转变为由转播商向电视频道付费。在美国，广告收入只占转播网络收入的一半。例如，CBS 电视网在 2012 年到 2018 年间来自有线电视和互联网服务供应商（订阅费用）的收入翻了一番，达到了总收入的 28%。在法国，TF1 和 M6 集团不得不修改了他们与转播商之间的关系。然而截至目前，物联网服务供应商每年向免费频道支付超过 1 亿欧元的费用。

面对电视在经济、政治和文化层面的衰落破坏了视听生态系统的运作，商业频道在广告市场中发挥了其他竞争对手所无法填补的重要作用。谷歌和脸书对视听制作毫无贡献，对创作者和电影院收入的贡献更是边缘化。显而易见的是，新的电视形式对于消费者而言有很多优势，因此为"老一代"的视听媒体辩护显得毫无意义。然而，市场竞争必须是平衡的，如果电视集团有机会适应市场或是提供替代方案，他们必须受到保护，以防市场波动的影响。

公共电视台仍然是必要的

在新的视听世界里，尽管总是受到由私人团体、民粹主义政党和寻求缩减开支的政府组成的奇怪的联盟的攻击，但公共电视台很可能在经历第二次复苏，或者至少说是喘息。如同英国广播公司（BBC）或者 Arte 电视台的意义，他们往往有一个越来越宝贵的资产：一个令人尊敬的品牌。而且，相比由私有资本控制的同行，公共电视台能够与短期利益保持更多的距离。然而，欧洲所有的公共电视台都被短期利益这个老问题束缚手脚。首先是他们的观众。

通常情况下，公共电视观众不应是一个问题，因为公共电视台面向所有人，不分年龄、不分性别，也不分社会等级。没有人质疑公共剧院或者公共歌剧院的合法性，尽管他们的观众在社会学意义上更加集中，而且年龄更大。事实上，"提供新闻、教育和娱乐"，公共电视台最古老和最著名的宗旨，并没有提到任何"目标"，这句来自英国广播公司（BBC）第一人总负责人 John·Reith 的话却有着悠久的历史。这句话可以追溯到 1927 年，并在一个世纪的时间里保持其影响力，尤其是这句话的第三个词"娱乐"。"娱乐"一词在原则上为所有类型的作品打开了大门。在法国，Hervé Bourges 在其职业生涯中的不同职务中（TF1，法国电视台，法国高等视听委员会（CSA））规定了"大众化且高质量的电视"的原则，这个原则可能不尽精确，但其表达的更多，这是因为 Reith 的话是在公共垄断的背景下制定的。Hervé Bourges 在 1992 年更新了这个原则，目的是强调与商业电视台的区别（彼时贝卢斯科尼的电视台正在崛起），以证明维持甚至是发展替代服务的合理性。公共服务必须填补市场没有的东西，其与商业频道的区别在于保证"质量"的同时，还需达成"大众化"的目标。这是英国广播公司（BBC）的一贯目标，且此处并没有提到"受众"或大众的社会人口结构。

然而在二十一世纪初，欧洲出现了新的对受众结构的批评。在每个欧洲大国，公共电视台都被批评其受众年龄太大。另一个比较委婉的批评是其他国精英化，不够贴近大众。据说艾曼努尔·马克龙曾在 2017 年 12 月讲到："其内容完全不适合他们最需要服务的观众：年轻人和弱势群体。"

不幸的是，观众的年轻化是一个错误的导向。对于一个通俗媒体而言，事实上并不存在一个既能降低其受众年龄段，又能不失去太多观众的办法。同样地，媒体增加年轻观众的唯一方式是增加其观众总量，这意味着其受众必须更宽，而不是更窄。也许是为了省钱，也许是为了年轻化，英国广播公司（BBC）于 2016 年将其 BBC3 频道转变成了一个更加现代的在线服务，效果是每周使用该服务的 16～34 周岁年龄段的用户占比从原来的 20% 变成 2017 年的 8.5%。在法国，

RTL广播电台也犯了同样的错误,它在二十一世纪初停止了其"老旧"的每日喜剧广播《大头》,但很快节目就复播了。

当然,电视节目有很多种吸引年轻观众的方式,最先进行创新的节目往往能产生不错的数据。德国电视二台(ZDF)和德国公共广播联盟(ARD)于 2016 年推出了视频点播服务 Funk,2017 年的前九个月该服务在 YouTube 上获得超过 2.6 亿的浏览量。BBC3 的观众数量在最早的下跌以后,也出现了缓慢的回升,法国的 Le Mouv' 广播电台的听众数量也有着相同趋势。但是,这种绝对意义上的进步并不能阻止公共视听观众群体的整体老龄化。英国广播公司(BBC)意识到了这一点,并对其覆盖率指标,即累计观众人数在 2012 年至 2017 年期间损失了 4 个百分点表示无能为力。意大利于 2007 年推出了面向青少年的 RAI Gulp 频道,但情况与上述各国相差不大。

线性媒体的情况稍有不同,但也同样给那些坚信公共频道可以年轻化其观众的人泼了一盆冷水。线性媒体的情况甚至比非线性模式更加复杂。首先,"年轻观众"实际上是一个不同群体组成的马赛克。比起喜好上的差异,作息时间的差异更是明显,对于电视节目而言这是一个大问题。儿童睡得早,学生睡得晚,年轻人工作又忙,但与此同时 25 岁以下群体的失业率又很高。在线产品并不存在这些问题,只要你愿意就可以观看,但这却阻碍了电视频道为"年轻群体"提供线性的电视节目。对于综合频道而言,这不是一个节目提供的问题,而是一个节目制作的问题。

总而言之,无论是通过传统的线性媒体模式还是在线频道,公共电视台都不可能达成年轻化观众群体的目标。拥有年轻观众的唯一方法是拥有庞大的观众群体。相反,老年观众数量多并不完全是一种缺点，这也是一种优势。因为很多商业频道，甚至是他们的数字竞争者，都越来越倾向于承认其完全忽视了 50 岁以上的群体。

主导德国广告市场的 ProSieben-Sat 1 集团的年度报告中，讨论收视率和广告市场份额时只给出了 14~19 岁年龄段的观众数据，其余年龄段数据在报告中完全没有被提及。在法国，TF1 和 M6 电视台也采用了类似的方式，甚至将"有商业价值"的群体称为"FRDA<50"，意为负责购物的 50 岁以下的女性。

然而，2018 年，法国 50 岁以上人口占总人口的 39%（2600 万人），而"FRDA<50"人口仅占 19%（1250 万人）。也就是说，商业电视频道忽略了 80% 的人口。公正地说，相比商业频道的领导层，广告代理商和大广告主的市场营销部门更应对这种媒体隔离的现象负责任，但结果是一样的。我们是否应该给公共频道定下一个和观众社会结构有关的类似目标，公共电视台显然不应该是"老年人的电视台"，他们更应该面向包括 39% 的 50 岁以上群体的所有人。在这一点上，公共电视台在履行公共服务方面与私有竞争者有着本质群别。政治家们也最好要记住，50 岁以上的群体不但占登记投票者的一半，往往也占实际投票者的 60% 以上。

公共电视台必须，或至少说应该，面向移民群体及其后代。法国大约有 12% 的居民在国外出生，其中 9% 是移民。在德国，这一比例稍低，但根据欧盟统计局的数据，这一比例也超过了 8%，而且自 2015 年以来一直在增长。大部分欧洲国家都是类似的情况。这部分通过不同形式接受公共视听服务的人群却没有被关注到，广告主不感兴趣，频道编辑安排节目单时也没有考虑他们。然而，将这部分人群融入欧洲的社会和文化是一个重大的政治和文明问题，这也是整个欧洲共同的问题。

社会上已经有了一些相关的努力,例如德国节目 Marhaba(N-TV, RTL 电视台)。在法国,国际移民信息与研究中心(CIEMI)出版的《移民 - 社会》期刊与 Averroes 俱乐部几十年来一如既往发表相关报告,谴责移民出身的人群在屏幕上存在感过低的问题,针对移民群体的节目不能说是没有,但是非常少。

虽然屏幕的"多样性"问题得到了广泛讨论,但是结果并不相同,这也只是问题的一个方面。另一个方面是移民群体本身的媒体实践,大量人口继续定期观看其原籍国的媒体,这在欧洲是一个新的政治和文化方面的挑战。欧洲公共电视台在解决这个问题方面扮演着重要角色。

最后,整个欧洲还面临最后一个挑战,大城市之外的其余领土正陷入"信息荒漠化",这是民族主义和民粹主义中一个至关重要的政治问题。最近英国、法国、德国、捷克和奥地利的投票情况表明,民粹主义政党、反欧洲主义运动的地理分布与主流媒体的覆盖情况正相反,他们在媒体沙漠中迅速成长。正如 Jean Viard 所言,"全球化的受益者"并不需要忍受这些,因为他们没有"地方上的"社会生活[2012]。在非对称数字用户线路(ADSL)的三百个频道、脸书和谷歌新闻账户的帮助下,不论我们在哪里,我们都能获知一切。但是,如果你不住在城市中心,你便无法通过这些了解自己身边的事。这种社会联系的解构,不仅关系到乡村地区,也涉及中小城镇和大都市的郊区,也就是将近五分之四的人口。本地的私营电视台还没有找到自己的经济模式,本地的在线媒体所能提供的大多数各种服务(时刻表、票务预订、天气信息)也只是市中心的媒体。在这些地方,市场提供的东西太少了，甚至说是没有，这些空间留给公共服务来填补。毫无疑问，这些服务必须是一视同仁而不是仅照顾既得利益者的。本地的公共广播电视台通过提供技术、土地和人力资源的方式，形成向本地的商业或非盈利创新提供帮助的传媒中心。RTBF 的"Vivreici"计划就是一个榜样，该计划将 RTBF 频道与十二个地方电视台串联起来。

因此，公共电视台的必要性不应该被"重新建立"。我们只需要回到最基本的状态，如同法国公共服务学派创始人，法学教授 Léon Duguit 于 1907 年所提出的：在市场经济中，公共服务必须延伸到市场触及不到、但社会又有需求的地方。不做地方中心主义的电视，不做老人院的电视，而是提供对五十岁以上群体、对边缘地带的居民和对有外国血统的居民也有吸引力的节目。对于后者而言，这是一个可以在共同的政治和文化框架下促进融合的电视台。经济命运与广告市场无关的公共电视台可以在不影响本体的情况下使用一些数字工具，尤其是电视点播服务（重播）。在许多国家，相比商业频道，公共电视台拥有更好的品牌形象，这在数字技术使媒体服务迅速扩张的背景下，是一个特别重要的王牌。

第五章　Netflix 和 YouTube：搅局者

Netflix 和 YouTube 带来的新景象给音像市场带来恐惧，但由于对这些公司的战略和性质缺乏了解，有一部分恐惧的来源是模糊不清的。例如，Netflix 通常与"GAFA（谷歌，苹果，脸书，亚马逊）"相关联，因此它被认为是一个闯入视听传统市场的技术掠夺者。但这并不是它真实的情况。YouTube 要谨慎得多，它通常被认为会轻微分散人们的注意力，尤其是儿童群体。不过，它已经成为最大的文化和教育产品。除了在其他章节中讨论的市场数据外，本章还重点介绍这两个关键视听市场参与者的公司战略。

Netflix 不可抗拒的崛起

Netflix 总裁里德·哈斯廷斯提出一个传说：哈斯廷斯在度假回来后决定成立 Netflix 公司时，发现由于他没有及时归还，他必须向租借电影《阿波罗 13 号》的磁带租赁公司支付 40 美元的罚款。愤怒之余，他认为还有空间建立一个惩罚较低的系统。在这个系统中，客户可以根据需要保存电影，唯一的惩罚方式就是在设备归还之前不能再次租赁。正如一位创始人后来所说的那样，这种"传说"是一个反派的故事，"大 boss"是大公司百视达，在当时是视频租赁领域的世界领导者。

而 Netflix 公司以弱者的身份出场，这个被低估的聪明人战胜了已建立的帝国，就像大卫战胜了歌利亚。事实上，在欧洲，Netflix2012 年在英国爆火，然后 2014 年在法国和德国爆火之前，媒体已经进行了免费的宣传，并将该公司视为硅谷的最后一颗宝石，这是一个初创企业从白手起家到颠覆一切的壮观的例子。只不过这与它真实的历史有些区别。

从无到有的历史：由马克 – 伦道夫（Marc Randolph）领导的初创公司

Netflix 公司的真正发起人是马克 - 伦道夫（Marc Randolph），他出生于 1958 年，是奥地利裔西格蒙德·弗洛伊德（Sigmund Freud）的一个侄孙，这个纽约人的儿子出身于一个好家庭，在 20 世纪 80 年代初，他对从微型计算机在市场营销的应用，特别是对管理邮件的方式产生了浓厚的兴趣。1984 年，当 Mac 发布时，他负责《MacWorld》杂志的营销工作，并产生了一个后来成为 Netflix 的基础之一的信念：要想留住订阅者，就必须在一天时间内交付产品。1988 年，他加入了由法国人菲利普·卡恩（Philippe Kahn）创建的美国公司宝蓝公司（Borland），该公司当时是微软（Microsoft）在办公软件市场上著名的竞争对手。他在那里一直待到 1995 年，当时他参与了一家初创公司 Integrity QA 的创建，该公司开发了能够自动检测软件中包含的错误的系统。这个市场正在蓬勃发展，但正在进入一个"整合"阶段，也就是说，即小公司被中型公司收购，而中型公司被大公司吞食的情况。这种情况真实地发生在 Integrity QA 公司身上，该公司在成立

第五章 Netflix 和 YouTube：搅局者

两年后被由威尔蒙特·里德·哈斯廷斯（Reed Hastings）创建的 Pure Software 公司收购。

威尔蒙特·里德·哈斯廷斯生于 1960 年，是东海岸大资产阶级的代表。他的父亲是哈佛大学的毕业生，他母亲的家庭创建了《英国名人录》（Who's Who）的遍变体——比其更封闭的《社会登记册》（Social Register）。然而他没有打算进入哈佛大学，而是对数学产生了浓厚的兴趣，这也跨越了他的家族传统。在和平队服役，并在斯威士兰教授数学三年后，他搬到了斯坦福和加利福尼亚州，因为那里有新技术和初创企业。1990 年，30 岁时，他像伦道夫那样创立了 Pure Software，该公司开发了软件质量控制系统，但比伦道夫早了五年。该公司于 1995 年上市，并收购了 Atria 和 Integrity 公司，马克伦道夫也加入其中，这让哈斯廷斯很高兴。哈斯廷斯要求他继续担任新实体的销售主管，这个新实体更名为 Pure Atria。但当时硅谷发展很快，伦道夫刚创立 Pure Atria，就在 1997 年 4 月与 Rational Software 公司合并了。事实上，伦道夫将 Pure Atria 卖给了 Rational。在当时这些公司并不为公众所知，不过这笔交易给 Pure Atria 带来估值接近 6 亿美元的收益，成为当时硅谷历史上最大的合并。

Pure Atria 的出售意味着其管理团队的离开。协议一旦签署，它必须得到竞争公司主管机构的批准，所以原来的团队必须留下四个月，竞争公司支付给他们工资但不需要工作。所以哈斯廷斯那时非常富有，他决定回到学校继续研究教育，并将他最近的一些财富用于对加州穷人学校的慈善工作。伦道夫在一块大白板上写满了公司的商业计划。1997 年春天，有两件事引起了他的注意。第一件是在线书店亚马逊公司的股票上市。亚马逊从西雅图总部在线销售书籍，这是伦道夫早年在线营销 Mac 时就一直在考虑的业务。第二件是一种新的视频载体——DVD 即将发布。

DVD 小巧、扁平、结实，不像 VHS 盒式磁带那样笨重、脆弱。这样的话为什么不通过邮寄方式在线销售呢？伦道夫最初对这项业务的商业前景持怀疑态度，在与哈斯廷斯进行了几次交流后，他被说服了。1997 年夏天，一个由八人组成的小团队，来自毕马威和甲骨文公司的法国人埃里克·迈耶对团队进行了强化，并开始租场地，编写代码行并测试市场。哈斯廷斯因 Pure Atria 的火爆销售受到鼓舞，轻松地吸引了一些商业天使投资人进行第一轮融资，伦道夫的父母也做出了贡献，总共筹集了 200 万美元来开展这项业务。事实上，这是一个完全非典型的创业公司，与苹果公司的故事相差甚远。而且这个团队人员都非常年轻，伦道夫当时 39 岁，他的队友是来自宝蓝公司、甲骨文公司、莲花公司的营销人员。当时他们是微计算的老手，而不是无名小辈。而且最重要的是，他们是极客，对界面和数据库、邮件和网站充满热情，但他们对电影、录像或电视一无所知。好莱坞以坚不可摧的"异物堡垒"而闻名，许多不幸的富人在那里打碎了牙齿，留下了价值数十亿美元的灰色石板。松下公司与马华集团、百代电影集团与米高梅电影公司、Canal+ 与 Carolco 公司不得不与之进行高价的商业往来，就连旗下拥有索尼影业的索尼公司也曾为它在洛杉矶的地位付出高昂的代价。在以 48 亿美元从可口可乐手中买下该工作室后，索尼影业不得不在 1994 年减值 27 亿美元。2018 年初，索尼再次给索尼影业减值 9.62 亿美元。

这家尚未命名的初创企业小团队很快就招募到了加利福尼亚北部的小型音像店老板米奇·罗威（Mitch Lowe）。44 岁的罗威不是一般人，他不仅花了十三年时间实地研究客户的行为，而且他对互联网着迷，最重要的是，他是 VSDA（Video Software 经销商协会）的主席，该协会成立于 1981 年，旨在维护这一新行业的利益。VSDA 一直处于音像店与大公司之间漫长的法庭案件的最前沿，大公司想要禁止音像店出租他们购买的磁带。此案一直上诉到最高法院，最高法院作出了有利于音像店的裁决。

与谷歌或 Facebook 对新闻和其他媒体的态度，即对"旧世界"的技术不屑相比，伦道夫的团队从一开始就养成了试图尽可能顺利地融入它所进入领域的习惯，这个习惯是后来其获得成功的一个重要原因。哈斯廷斯和为该业务提供资金的商业天使投资人给了该网站最多一年的时间来运作。他们必须要为网站起一个名字，这个名字就是 Netflix，这个两个音节的单词同时表示了互联网和电影。flix 在俚语中的意思是"电影"，更确切地说，在极客文化中，意思是"盗版电影"。Netflix，一个提供通过邮件传输的 DVD 租赁的简单网站，于 1998 年 4 月 14 日推出。

混乱的开端和哈斯廷斯的接管

该网站的推出符合当时网站的传统：第一天，面对大量的访问，服务器崩溃了。Netflix 的极客团队已经为技术爱好者的"新闻组"中对此网站的讨论做好了充分的准备，"新闻组"社群对这一创新有很强的好奇心。DVD 是一种"新技术"，与另一种格式 DivX 竞争。这场发布会是在电子商务、点对点文件下载、Mpeg2 文件压缩系统、MP3 等创新蓬勃发展的背景下进行的。直到秋天，Netflix 还能够利用大型视频租赁公司（如百视达公司）的延迟，在 DVD 上下赌注。

然而，网站的财务状况是灾难性的。该公司在 1998 年底亏损 1100 万美元。最开始 200 万美元早就用完了，到了 8 月，就有必要引入一个新的基金，600 万美元。更糟糕的是，该公司租用的每张 DVD 都亏损，尤其是处理这些光盘的成本。在早期，Netflix 为想要保留 DVD 的客户提供了购买它的机会，这种销售操作在商业计划中通常是微不足道的，但实际上是唯一盈利的业务。但是，由于亚马逊很快就会进入这个市场，很难向投资者解释只有 DVD 的销售让公司盈利。前三张 DVD 免费试用的促销手段也非常耗费资金。Netflix 的生存现在取决于它能否向投资者作出令人信服的推销，使资金迅速进入库房。只有哈斯廷斯，在他成功销售 Pure Atria 的鼓舞下，拥有足够的信心来做到这一点。他一度对政治感兴趣，曾带头游说加州的高科技公司，但他更愿意掌舵伦道夫创建的公司。他做了一个很残酷的事情，只给伦道夫提供了几个月的共同管理权，然后他逐渐单独负责营销。他对公司进行了重组，导致一半的核心团队离职。

1998 年冬季，他在公司的技术和商业基础上进行了重要工作。首先是开发了一个高度复杂的仓库系统，这个系统是与联邦邮局合作设计的，以确保在二十四小时内向尽可能多的地方交货。其次，在营销方面，制定了订阅规则的基础：每月花 16 美元，可以收到四部电影，当客户发回时，系统从一个自动填充的列表中给观众自动续订。逾期归还 DVD 不会受到任何处罚。

专栏：Netflix 的推荐引擎——Cinematch

甚至在网站之前，Netflix 最初的创意团队就已经把开发一个推荐系统列入了他们的待办事项清单，其最初是为了转移客户对公司不再拥有或库存不足的电影上的注意力，并且在考虑到 Netflix 的购买条件下，上架对 Netflix 更有利可图的电影。很快他们就发现，将系统颠倒过来是更明智的做法：与其用现有库存影响消费者的行为，不如用消费者的口味管理库存。但是，实施真正有效的"算法"直到 1999 年才开始，直到 2000 年才完全开发。基本原则如下：

每个消费者的特点是他的消费行为，落实到最小的细节上，他看什么，他注意什么，他在什么时间做，这些动作以数学方式进行转换，消费者之间的距离被计算出来。对于一个目标个体，我们看一下显然与他关系密切的人做了什么，而我们的目标个体却没有做，然后算法建议他也这样做。一般的想法是，如果你的行为与数学上定义的群体行为有一点相似，那么很有可能你最终会做你还没有做但他们已经做了的事。因此，我们直接为您指出正确方向，以节省您的时间：例如，如果大多数与您有类似一般行为的人都看过《阿凡达》并对其进行了很好的评价，但您还没有看过它，我们会向您推荐它。

这些系统的有效性还有待商榷：Netflix 公司认为，在他们的网页上观看到的绝大多数视频都是由他们这些系统推荐的，但该公司传统的不透明性使得这些信息无法验证。此外，该系统的开发是为了给观众在数千个眼花缭乱的标题中导航，而在这个新模式中，更多突出的是"原始"影片而不是其他类似的影片，这就失去了它的作用。

然而，Netflix 已经成功地将其推荐系统变成了一个有效的、原创的商业手段，尤其是在 2006 年推出了价值 100 万美元的 Netflix 奖项，奖励给能够将 Cinemtch 改善 10% 以上的团队。自 2006 年 10 月奖项启动后的一年内，全球超过 40000 多个团队参加。2009 年，两支队伍成功地以超过 10% 的优势击败了 Cinematch，该奖项被一个名为 Bellkor's Pragmatic Chaos 的跨国团队赢得，该团队由几个候选团队合并而成。

但与此同时，哈斯廷斯当时既是一名推销员也是一名商业创始人，他对 Netflix 的长期未来并不是很乐观。他在西雅图会见了亚马逊老板杰夫·贝佐斯（Jeff Bezos），讨论把 Netflix 出售给他的可能性。简而言之，他就是想要摆脱它，但贝佐斯了开出的 1200 万美元的价格甚至都无法弥补其损失，然而哈斯廷斯还是决定和贝佐斯合作了。Netflix 放弃了其有利可图的 DVD 销售业务，将客户推荐给亚马逊进行定向销售，作为交换，亚马逊推广了 Netflix 的租赁服务。

1999 年 7 月，伯纳德·阿尔诺的控股公司给 Netlix 投资 3000 万美元，成为 Netflix 的最大投资者。这也是时候了，因为 1999 年结束时又出现了亏损，也是 3000 万美元。Netflix 每个月损失的钱与启动它所需要的钱一样多。到世纪之交，公司已经吞噬了 1 亿美元。

2000 年，Netflix 开始更好地控制处理成本，改善与邮政的合作，推出 Cinemtch 推荐系统，取得了良好效果。截止到 4 月份已经有超过 120 000 名客户。股东们决定上市。从这个角度来看，哈斯廷斯不顾大多数员工的建议，强行采取了一种新的战略转变：放弃点菜式租赁，只提供订阅选项。在一年前强制结束 DVD 销售，留给亚马逊后，他在 2000 年底尝试了他的第二次扑克行动。这个想法与其说是市场分析，不如说是需要向证券交易所提供一个清晰而简单的商业模式。

清晰但有风险的做法总归要比谨慎但有困惑的做法好。

问题是，由于"互联网泡沫"的破裂，2000年是高科技公司首次公开募股（IPO）最糟糕的一年。因此，IPO被推迟。但Netflix在2000年面临着一个新的5700万美元的赤字。按照这个速度，财库很快就会再次被掏空。哈斯廷斯随后决定向最终开始发行DVD电影租赁的巨头百视达公司（Blockbuster）提出，要么以5000万美元的价格收购Netflix，要么签署一项协议，让Netflix成为他们的在线合作伙伴。

当时，百视达刚刚被维亚康姆收购，拥有6500家门店，比Netflix大一百倍，占据了三分之一的电影租赁市场，它直接拒绝了Netflix的提议，而且据说是笑着拒绝的。至此，将持续十年的战争开始了，最后以百视达的破产而告终。但就目前来看，Netflix仍然处于亏损状态（2001年仍有4000万的亏损），它曾两次试图转售自己，尽管它有30万订阅，但仍然局限于一个小众市场，即男性极客。2001年9月，哈斯廷斯解雇了Netflix公司里40%的员工。

2002–2007年：在股票市场上，竞争者正在觉醒

在成功上市并募集到8500万美元后，公司情况本应会好转。实际上，Netflix在股市上的冒险多次变成噩梦。两位最初的发起人伦道夫和洛威于2003年初离开了公司，当时正值Netflix达到了第一批百万订户。与百视达的竞争有一种大卫与歌利亚战斗的意味，而Netflix在互联网危机中幸存下来的事实，为这家现在上市的公司带来了新的信誉，该公司由一位受人尊敬的老板经营，拥有良好的人脉资

源。此外，投资者在泡沫破灭四年后，开始回归"科技"股。2004年第一季度，Netflix 股票的价值比其入门价格翻了两番。

　　Netflix 在它自己创造的业务中似乎是孤独的，在 2002 年沃尔玛（Walmart）宣布推出一项竞争性服务时，第一次警报已经导致股价上市后几个月内下跌。这项服务在技术上是如此糟糕以至于相比之下，观察者最终确信"在线"确实是一门生意，它需要一套传统玩家难以获得的技能。但与此同时，在德克萨斯州，百视达一直在努力（可能花费 2 亿美元）来克隆 Netflix 的业务，包括其最原始的方面。2004 年夏天，百视达在线在达拉斯高调推出，这宣告着一个真正的竞争对手诞生了。百视达订阅费用比 Netflix 低 2 美元，新服务迅速吸引了超过一半的新订阅者订阅。更糟糕的是，有传言说，除了销售之外，亚马逊即将进入这个租赁市场。这是一个在网站和交付方面绝对有竞争力的竞争对手，导致 Netflix 股票在几天内损失了 60% 的价值。

　　Netflix 的反应是宣布其价格下调至 17.99 美元，这个决定是有风险的：一旦竞争对手效仿，Netflix 可能会失去在线租赁的市场份额，但这个价格如此之低，会导致毁掉"实体"租赁商店，这意味着在线能夺回约 80 亿美元的潜在市场，所以哈斯廷斯卖给投资者的东西就是一个更大的蛋糕中的一小块。这个赌注的风险很大，但它非常诱人。

　　在 2004 年危机后的三年里，投资者的信心在 Netflix 和百视达之间来回摇摆，似乎没有出现一个明显的赢家。但是在幕后，百视达这家位于达拉斯的巨头面临着股东信任的严重危机，它的成本高得离谱，商店声誉不佳，租赁市场开始停滞不前，然后从 2006 年开始下降，Netflix 开始被认真对待。更糟糕的是，在奥利弗·斯通的电影《华尔街》里担任主角的卡尔·伊坎，后来成了唐纳德·特朗普的顾问，他进入了百视达的资本。该公司很快被投资者放弃了，Netflix 的股票在 2005 年几乎恢复到 2004 年初的水平。来自亚马逊的威胁似乎正在消退，因为在英国和德国的服务受挫，这让杰夫·贝佐斯打消了在美国开一家公司的念头。Netflix 不仅继续提高其服务质量，还继续提高其后台的效率。研究表明，客户的满意度非常高，装有寄给客户的 DVD 的小红包已成为美国人 2000 年初的一个标志。Netflix 在营销和推广上，获得一个新订阅用户平均只花费 38 美元，而竞争对手则需 50 美元。在百视达公司内部，卡尔·伊坎强行让他完全没有经验的儿子加入，并开始考虑委托他运营在线服务。但在 2006 年 11 月最后的努力中，百视达推出了"全面访问"服务，该服务结合了客户在线订购和在遍布全国的 7,000 家商店中领取 DVD 的可能性，取得了巨大的成功，百视达将 70% 的新订户签到了在线服务。尽管 Netflix 解释说"全面访问"功能肯定是无利可图的，百视达不会持续很长时间，但其股票在整个 2006 年再次暴跌。

2007 年初，"全面访问"对 Netflix 造成的损害开始显现。自推出以来，订户数量首次出现下降，订阅的费用越来越高，已经接近竞争对手的 50 美元。诚然，Netflix 没有债务，而且有大量资金储备可以维持一段时间，但如果股票再次下跌，会出现一个致命的恶性循环。随后，在外交关怀下，两家公司的老板们进行了会晤。每当客户从其中一家商店购买商品时，百视达就会损失 2 美元，而"全面访问"的广告支出也相当可观。但这是一场生死之战，德州集团的赌注是，一旦 Netflix 倒闭，他们就会提高其价格，基于非常高的用户数量（至少 500 万），实现足够科学的规模经济以恢复利润。Netflix 虽然财务状况较好，但无法复制百视达的数千家商店所占据的地盘。哈斯廷斯随后向百视达提议以每名用户 200 美元的价格回购其 300 万用户，百视达拒绝了，认为这恰恰证明了 Netflix 正处于困境中。

情况陷入僵局，但 Netflix 将再次从命运的转折中受益。尽管"全面访问"在商业上取得了成功，但卡尔·伊坎还是迫使百视达的运营老板约翰·安蒂奥科辞职。这个解雇过程不太体面，伊坎在董事会会议上拒绝发给安蒂奥科合同中规定的奖金。约翰·安蒂奥科后来被詹姆斯·凯斯取代，他不相信在线业务的成功，希望将精力重新集中在实体商店上，他几乎取消了"全面访问"的营销支出，"全面访问"马上就垮掉了。订阅视频业务就像骑自行车一样，一旦我们停止（促销），我们马上就会掉下来，因为订户的存量是一个活的有机体，一直有人离开，也一直有其他人进来，但后者只有在促销时才会出现。

在这个动荡的时期，公司的可持续性多次受到质疑，但 Netflix 还是进行了双重投资，以确保十年后其在世界市场的主导地位。

首先是在电影届占有一席之地。哈斯廷斯于 2000 年招募了泰得·萨兰多斯，他是一名希腊移民，在亚利桑那州以一家小型连锁音像店的经理身份开启了他的职业生涯，然后成为在大公司和音像店之间进行音像权利谈判的专家。2003 年，为了帮助萨兰多斯，Netflix 招募了罗伯特·金克尔，他是一名捷克裔美国人，在 HBO 找到一份低级的工作前，曾在洛杉矶的一家经纪人办公室工作。萨兰多斯和金克尔在洛杉矶建立了一个 Netflix 桥头堡，有一座可以举办派对的大型别墅。他们的使命是：成为全好莱坞的朋友，要慢慢来，而不是立即为 Netflix 做交易。几年后，萨兰多斯已经成为好莱坞最有权势的男人之一，并与女演员妮可·阿凡特再婚，妮可·阿凡特是塔姆拉·摩城老板的女儿，他于 2009 年被巴拉克·奥巴马任命为美国驻巴哈马大使。

从 2005 年开始，Netflix 在圣丹斯电影节上变得非常引人注目，圣丹斯电影节是独立电影的神经中枢，即使在纯粹主义者的眼中 Netflix 也太明显了。在这一点上，Netflix 并没有在实际制作中注入太多资金，但萨兰多斯偶尔会为独立电影提供一些帮助并帮助打破一些僵局。这种吸引观众的方法（电影中的人更愿意谈论"信任关系"），将 Netflix 与其他互联网巨头区分开来，特别是被好莱坞指责在 YouTube 上留下盗版内容的谷歌公司，并且它几乎没有正面回应，而是解释说这就是在现代世界中的游戏规则，习惯就好了。2011 年，谷歌公司高价聘请了罗伯特·金奇尔，他通过竞争成为 YouTube 的内容总裁。奇怪的是，罗伯特·金奇尔到 Netflix 的这部分似乎已经从历史消失了（吉娜·基廷 [2013] 甚至没有提到它），然而他是与 Starz 做特殊交易的幕后黑手，这个交易从 2008 年开始成为其转向流媒体的跳板。他的多部传记对其在 Netflix 的工作记录得都非常简单，甚至他的书《Streampunks》[罗伯特·金奇尔，2017] 对这段时间的闭口不提也堪称典范。然而，罗伯特·金奇尔和萨兰多斯都是好莱坞的八卦话题，在房地产领域，他们每个人都买了一栋奢华的别墅，一栋在 2014 年购买，另一栋在 2017 年购买。

专栏：2008 年 Netflix 和 Starz 之间的"奇迹"交易

在美国，付费电视频道和有线电视运营商早在 2000 年就开始谈论订阅视频点播服务，但技术似乎并不成熟，商业模式也面临同样的问题：订阅视频点播是否应该被视为运营商提供的另一种"技术"服务，允许订阅者随时观看付费频道？还是它本身就是一项独立于现有服务的新服务？几年来，专业人士之间进行了激烈的辩论。与此同时，美国有线电视界的大玩家之一约翰·马龙推出了 Starz 服务，这是家庭票房（HBO）或美国娱乐时间电视网（Showtime）的竞争对手，拥有迪士尼和索尼的大量电影和电视连续剧的版权。Starz 公司也有在互联网上播放这些电影电视剧的权利，但他们基本上不知道该怎么去做。Starz 公司最终在 2008 年将这些流媒体权利转租给了 Netflix，在那时，这是一家看起来很有能力的、通过互联网租用 DVD 的"小型"公司。Netflix 在短短四年内仅用了 3000 万美元不但从迪士尼和索尼那里获得了 2,500 部电影和连续剧的版权，而且还获得了与付费电视同时提供它们的权利。在交易三年后，Netflix 拥有超过 2300 万用户。迪士尼和索尼都愤怒不已，当 Netflix 在 2011 年提出以十倍的价格续约时，Starz 公司拒绝了，并推出了自己的服务，但为时已晚，Netflix 在付费电视非自愿帮助下已经飞黄腾达了。

  Netflix 对未来的第二笔投资是技术投资。2007 年初，其团队已经开发了一种名为"即时流媒体"的高效流媒体系统，预计视频的非物质化将不可避免地导致 DVD 的边缘化，因此有必要做好再次改变这种模式的准备，然而，仍有几个主要问题有待解决，特别是私人住宅的互联网速度问题，在这个问题上，Netflix 无能为力。另一个问题是它们要能够接触到电视机，而不仅仅是极客的笔记本电脑。早在 2000 年，哈斯廷斯就通过在 Netflix 的场所创办一家名为 Roku 的初创公司而埋下了一颗种子，该公司开发了一个盒子，可以将视频从互联网接入电视机。Roku 一经推出就大获成功，也是 Netflix 进入美国电视市场的第一个切入点。从 2007 年开始，Netflix 签署了一系列协议，首先是与 LG 公司，然后是与 Xbox 游戏机。到 21 世纪 10 年代初，Netflix 可以在两百多种连接或可连接的设备上使用，从智能手机到蓝光播放器，从电视到游戏机。

从 2008 年到 2016 年：走向国际的流媒体与致命错误

这段时间本应是 Netflix 朝着里德·哈斯廷斯定期提出的雄心勃勃的目标胜利前进的时期，而如果我们简单地比较一下这段时期的两端，Netflix 的成绩确实非同一般：公司的股票市值增长了三十六倍！订阅者数量增加了十倍。从这个时期开始，随着与 Starz 公司的"奇迹"交易，Netflix 的流媒体产品，包括迪士尼和索尼电影，是迄今为止市场上最丰富的。2010 年与 Epix 公司签署了为期五年的相同类型的交易，尽管价格更昂贵（曾有过十亿美元的说法），但却带来了派拉蒙、米高梅和狮门的电影。一切都在有序进行：竞争对手被淘汰了，百视达在 2010 年破产了，互联网流媒体已经成为常态，并且利润远远高于旧的实体 DVD 模式。它在加拿大、南美、英国和欧洲的国际化都取得了成功。到 2016 年底，Netflix 在世界其他地区的用户数量几乎与美国一样多。

由于它的成功，Netflix 甚至变得过于大了，至少对于那些运营电信网络的人来说是这样。它的流媒体服务在整个网络流量中占有如此大的份额（这个数字因来源不同而变化很大，在晚上甚至在 30% 到 50% 之间），它的成功是"网络中立性"辩论的起源。最初，一些运营商（美国的康卡斯特，以及法国的奥兰治）想让 Netflix 为其服务消耗的部分支付宽带费用，否则就通过权威机构限制其速度。与电信网络相比，Netflix 实际上表现得像经济学中所谓的搭便车者，也就是说，他从中受益而没有承担成本。但哈斯廷斯想起他在 Netflix 之前的短暂游说日子，非常聪明地在 2011 年从联邦通信委员会（FCC）获得了对其有利的决定。特别是，他得到了可被称为"有用的白痴"的加州大公司的支持，即"自由互联网"的活动人士和其他活动家。

然而，毫无疑问，正是在这个辉煌的时期，Netflix 经历了最严重的危机。过去，哈斯廷斯曾做出过几个重要决定，这些决定被证明是有远见的：停止销售 DVD 以专注于租赁，停止自选租赁以专注于订阅，投资互联网流媒体。2011 年 7 月，他准备放弃 DVD。在此之前，Netflix 的订阅是一种混合形式，每月 10 美元的 DVD 加上无限流媒体。尽管他的团队反对，他仍在 2011 年 7 月宣布，要升级旧的混合服务，将花费升至 16 美元，DVD 租赁服务将被分离出来并重命名为 Qwikster，每月 7.99 美元，人们也可以以 7.99 美元的价格订阅流媒体服务。这样一来，DVD 注定要失败，随着交付成本的增加，这项服务的利润越来越低。对于聪明的消费者，那些打算单独选择流媒体的人来说，这将是一次降价。

然而事实并非如此。Qwikster 这个名字被群嘲了，近 80 万名用户迅速取消了他们的订阅。哈斯廷斯在 YouTube 上发布的一段视频中的回应更是一场灾难，它更像是一个喜剧节目。尽管新方案对许多人来说基本上是降价，但用户和公众认为在旧服务基础上增加 6 美元是对支配地位的滥用。而且，由于哈斯廷斯经常暴露自己，他的声誉受到了损害，尤其是在华尔街。这位曾被《财富》杂志评为年度人物的"颠覆性"远见卓识者，现在却不分青红皂白什么业务都做。哈斯廷斯的个性一直是公司股票市场形势发展的重要资产。

第五章　Netflix 和 YouTube：搅局者

尽管这一举措本身对 Netflix 已经蓬勃发展的经济并不构成真正的威胁，但股市的反应却极为残酷，Netflix 在一个月内损失了一半的市值。哈斯廷斯的反应，甚至连道歉都会让事情变得更糟糕。截至 2011 年 11 月底，Netflix 的股值仅为 7 月初创下最高点的四分之一。卡尔·伊坎试图通过购买股票来瓦解 Netflix，目的是他拥有约 10% 的股份，并开始加入公司的管理层。最终，Qwikster 项目被放弃了。Netflix 在 2019 年继续提供 DVD 租赁服务，不同的是这项服务设立在一个单独的网站上（DCD.com）。但在内部，魔咒被打破了，一百多位员工辞职了，Netflix 的"酷"形象被永久性地破坏了，至少在美国是这样。哈斯廷斯趁机裁员 200 人。

相比之下，在欧洲，Netflix 在 2014 年的首次亮相受到了空前的欢迎，得到了大量广告投资的支持，也得到了大量免费编辑广告的支持。与此同时，在泰德·萨兰多斯的领导下，公司改变了其节目方案的结构，头号卖点不再是"所有电影"或"更多系列"，而是"Netflix 原创"。2013 年，它与英国广播公司（BBC）在同一时间提供《纸牌屋》的所有剧集，这是由英国广播公司（BBC）耗资 1 亿美元翻拍版的剧集（两季），此举吸引了全世界的关注。有些人甚至认为这是狂欢观看（见第二章）的起源，忘记了这种做法在二十年前就出现了，并没有等 Netflix 的出现。萨兰多斯正在成为一个好莱坞的大佬，虽还不是最强大的，但其已不再满足于仅仅在圣丹斯电影节上推高独立电影的价格。

然而，这种国际战略和对内容的大规模投资，在 2015 年 12 月又引发了一轮新的股市热潮。现在看来，这只是 Netflix 股票胜利行军中的一个"小"事件，但在一个月内仍下跌了 63%，这比 1929 年 10 月崩盘期间的下跌（57%）还要糟糕。Netflix这次将需要两年时间才能恢复到2015年11月的股值。投资者的质疑主要来自第一批报告的发布，同时考虑到在国际上开展业务所需的巨额费用以及对被认为具有风险和昂贵内容策略的恐惧。但这一次，哈斯廷斯坚称他只是在实施一个早已明确宣布的战略。

从2016年夏季到2019年：胜利而归

2015年到2016年冬季，人们对于Netflix提出的国际战略的疑虑很快就消失了。不仅大多数市场的用户数量符合预期，而且这些业务的盈利能力也在稳步提高，尽管这些业务仍然处于亏损状态。最值得注意的是，Netflix以超乎寻常的速度和效率完成了其国际部署，到2018年已经推广到了一百九十个国家和地区。

首先，必须提供二十多种字幕，极少数情况下需要配音，也就是说，与能够满足Netflix规定的期限、质量、尤其是成本等条件的专业公司签订合同。这是欧洲音像领域近五十年来一直无法做到的事情，尽管布鲁塞尔委员会做出了重大努力并提供了补贴。Netflix被指控通过Hermes平台利用业余爱好者来纠正翻译，从而建立了一种"ubérisation"翻译。这个指控并非没有道理，在包括法国在内的许多国家，其字幕的质量一直存在争议，特别是它有时在不同的情节中翻译不一致，专业人士承认此缺憾，并表示质量正在逐步提高，但不幸的是，翻译的价格很低廉，每分钟10至25美元不等。总的来说，建立这种连续翻译成二十种语言的工业系统是前所未有的。最后，全球服务的部署涉及理解（有时需要规避）数十种不同的法规，包括财政、视听、与性或暴力表现或消费者法有关的法规。但必须指出的是，Netflix 并没有惧怕这些阻碍，而是总体上克服了它们。

专栏：Netflix 的六次股市危机

由于公司特定的原因，Netflix 股票共经历了六个主要的大幅下跌时期，因此与一般的股票环境无关：

2002 年 7 月，大型零售连锁超市进入互联网 DVD 租赁市场，导致股价在 7 月至 10 月之间，即上市后一个多月，下跌了 64%；

2004 年 2 月，百视达在线的推出导致股价在 2 月至 9 月期间下跌了 73%；

2006 年 4 月底，Netflix 和百视达之间的价格战导致股价在四个月内下跌了 35%；

2011 年 7 月，Netflix 宣布上调服务价格，并将在线和实体服务分开，在五个月内导致股价下跌了 78%；

2015 年 11 月，关于国际战略成本的首次报告将该股从 12 月 1 日的 126 美元暴跌至 2 月份的 80 美元，即下跌了 36%；

2018 年 7 月，对用户增长的过度乐观预测导致一个月内股价下跌了 25%，之后由于股市总体环境不佳进一步下跌。

20 年后的 Netflix

Netflix 公司仍然设在硅谷南端的洛斯加托斯，它的四栋大楼散布在高速公路交汇处的田园风光环境中，在加入电影制片人协会

（MPAA）后，其总部顺理成章地搬到了好莱坞。它在2018年雇用了大约4,500名员工，使其成为六家大型数字公司中员工人数最少的公司，但Netflix的人事管理可以总结如下：入口门很宽敞，出口门也是，而且这两扇门都是敞开的，年均工作人员更替率为20%。在美国，该公司通常被称为一台环形机器，它有一个持续评估系统，如果"表现不佳"，就会自动被解雇。这是许多前员工的说法，但这自然被该公司高级管理层人员所否认。一名前雇员解释说，他的部门负责人经常在周一的会议开始时说："看，这次会议中有一名炮灰！"这意味着其中一人将在一周内被解雇。然而，每名员工在公司的平均任职时间为3.1年，与谷歌公司不相上下。毕竟在声誉更好的苹果公司，平均任职时间也只有五年。

Netflix的故事既是非典型的，又有丰富的美国高科技资本主义运作的经验。在原创性的一面，首先是领导者的年龄问题，这些人不是创建Netflix的年轻创业者，而是现在已经六十多岁的老人了。另一个原创性是，当微软、苹果、谷歌、脸书或亚马逊已经通过多样化、多产品的方式发展时，Netflix一直顽固地保持单一产品，而且里德·哈斯廷斯还执着于不断地将他的作品"风格化"。在硅谷所有成功的大公司中，Netlix是唯一一个三次真正差点死掉，但三次试图将自己卖给竞争者的公司。

YouTube

无论是从其受众还是其视频数量的程度来看，YouTube现在无疑是世界领先的电视服务公司，现在这项服务对"年轻人"视听消费的影响受到广泛讨论。在很长一段时间里，这些讨论一直令人沮丧：人们怎么能花这么多时间观看猫咪视频，化妆教程或一个超胖的韩国人一边舞蹈一边模仿骑马？然后是一些对主流博主的内容的争议，最常见的是法律问题，有时是国家问题。不过，对于电视来说，所有这一切基本上都摆平了。但麻烦的是，年轻人不愿意再看电视了，他们认为电视里播放的内容没有电影、没有系列电视剧、没有体育、没有新闻。但 YouTube 是另一回事，它算是一项补充服务。当然，现在已经奄奄一息的主题音乐频道除外。

YouTube，视听领域的黑洞

这是一家从其母公司 Alphabet（即谷歌）分离出来的公司，被认为价值在 750 亿至 1000 亿美元之间，这比所有欧洲免费电视频道的价值总和高出三到四倍。这种视频服务，每天有约 15 亿小时的观众播放量，约占全球电视观众的 10%。它可能已经成为第一个 24 岁以下青年人的头号电视"频道"，在法国和全世界都是如此。YouTube 是仅次于谷歌的第二大搜索引擎，也是在 Spotify 或苹果音乐之前的第一个音乐平台。截至 2018 年 8 月，YouTube 共有 720,000 个 YouTube 频道，而且 YouTube 不产生独立账户。强大的华尔街证券交易所机构——证券交易委员会（SEC）在 2017 年底花了六个月的时间用信件轰炸谷歌高管，以获得更多的网络透明度，都无济于事。谷歌居高临下的答复暴露了这些数据很难理解，市场无法解释它们，而且无论如何，董事会是不会根据这些数字做出决定的。

这种不透明性对广告和金融市场都有一定的负面影响，因此了解一下上传到 YouTube 的内容的制作过程中要花费多少时间和金钱是很重要的。众所周知，这些内容分为五大类：

音乐视频，总体上是最受欢迎的视频类别，其中大部分实际上是由唱片公司提供的，并且受制于与大公司和收藏协会的协议；

成功的 YouTube 博主（现在可以说是网红）的视频，几乎所有这些视频都集成到视听制作和广告管理结构，多渠道网络（MCN）中，如法国金胡子（M6）、百吉饼工作室（Canal＋）或人才网（Webedia），

媒体机构（如 France Inter）、节目或媒体机构的官方 YouTube 频道，

盗版内容。原则上，YouTube 使用内容 ID 系统来追捕他们，但它仍然需要人来投诉。在 2019 年初，通过在搜索引擎中输入"完整电影"很容易找到以下电影：Le Cinquième Élémen（141000 次观看）、Le Boulet（676000 次观看）或 Un prophète（684000 次观看）；

最后是业余内容，意思是说，在 YouTube 上上传的内容，无论是否以"YouTube 频道"的形式组织。这涉及最重要的受众人群，所以知道它是如何产生的、由谁生产的、用什么手段生产的会很有趣。无论如何，可以肯定的是，在 2018 年底 YouTube 上提供的 38710 个法语频道中，至少有 90% 是在市场之外制作的，这肯定比整个法国专业视听制作的时间还要多。

此外，更谨慎的是，YouTube 已经成为电视文化光谱另一端的竞争对手：不是垃圾、极端，而是相反的文化和教育。因此如今很难在忽视 YouTube 在市场中所占位置的情况下解决公共视听服务问题。英国在这类问题上常常处于领先地位，这是显而易见的。例如，大卫·赫斯蒙德哈尔的第四版《文化产业》（2018 年）或集体作品《公共电视的未来》（Freedman 和 Goblot，2018）中都谈到了这一点。

YouTube 上的文化和教育产品

20 世纪 80 年代，电视学校从法国屏幕上消失了，但在 21 世纪 10 年代，它又在 YouTube 上再次出现了。例如，你可以在 Les Bons Profs（700,000 订阅者）或 Maths et Tiques（400,000 订阅者）上找到覆盖小学一年级到大学预科班的数学课程。此外，物理学、生命与健康科学、经济和社会科学等学科也是如此。换句话说，在科学（例如《Science Étonnante》，618,000 订阅者）或历史（《Nota Bene》，865,000 订阅者）方面，自发产生的非常高水平的业余爱好者在孜孜不倦地更新科普类型的视频。在大多数主要国家，YouTube 有自己官方的"频道"作者，他们结合了休闲的形式、流行文化和对知识的渴望。因此，在 LinksTheSun 频道（150 万订阅者）上，除了专门介绍电子游戏或恐怖电影的视频之外，还有古典音乐的介绍（260 万次观看）或另一个关于法国风格的不同人物的介绍（180 万次观看）。

要从古典文化中找到一个在 YouTube 上没有任何相关内容的主题是很难的。克劳德·西蒙，在电视上很少见？在 YouTube 上有超过三十个视频。色诺芬？至少五十个。拉斐特夫人？超过二十个。还有让·鲍德里亚、黑洞的凝聚、克莱门特·简奎因、詹森主义等等。当然，流行文化内容更多，从足球到老爷车，从漫画到科幻小说，当然还有世界上所有类型的音乐。一个常见的批评意见是，所有这些内容都是"批量"提供的。导致这一现象的第一大原因当然是推荐算法，但它只有在我们第一次使用搜索后才会发挥作用，这就是好奇心驱使。这不能责怪 YouTube。这些内容比地球上任何一个公共频道的数量都要多，其优点是可以永久免费获得，这是以前任何一种文化产品都不允许的。

英国集体著作《公共电视的未来》（Freedman 和 Goblot，2018）中的许多撰稿人都强调了公共电视所要遵守的自相矛盾的禁令：在促进团结文化的同时，为一个分裂社会的多个部分服务。人们可能会担心 YouTube 只会满足第二部分。数以百万计的内容，在以长尾效应的方式被消费。然而事实并非如此，我们正在亲眼见证与之相反的情况，例如围绕 YouTube 网红，或围绕"相似内容"，会有数千万人观看。人们可能不会对这些爆点的文化兴趣欣喜若狂，但很难否认这确实是一种共享的文化，至少在年轻人群体中是这样的。

关于 YouTube 的评论

YouTube 事实上是欧洲公共广播服务的一部分，这个事实可能会让人感到震惊。该公司是一家美国商业服务公司，主要由广告资助，属于一个处于主导地位的公司，它于 2019 年 3 月被欧盟判处高额罚款，原因是它提供了许多非法内容，要么是违反了有关言论自由的条例（暴力，恋童癖，种族主义等），要么是因为它不尊重知识产权（盗版内容）。这与欧洲式的公共服务相差甚远。但是，有必要仔细研究这四个问题并了解它们是顽固的还是可以被解决的。

（1）推荐算法的不透明性

土耳其出生的学者和社交媒体专家泽伊内普·图菲基（北卡罗来纳大学），于 2018 年 3 月在《纽约时报》上发表标题为"伟大的激进分子 YouTube"的文章，阐述了 YouTube 的推荐算法会推荐越来越极端的内容。比如，你从一个无害的话题，像素食，很快，在自动播

第五章　Netflix 和 YouTube：搅局者

放中，你会能看到素食视频，然后看到阴谋论视频，最终以动物屠宰结束。你正在寻找一个关于共和党的视频，几分钟内就会出现否认者，种族主义者等视频。这种越来越极端、越来越具挑衅性的内容，再加上世界上每天有50亿次观看，这就构成了一个全球性的政治问题，华尔街日报本身就强调了这一点。没有人否认，推荐算法在 YouTube 上是必要的，并且它必然基于公众的口味。问题就在于，谷歌以外的任何人都无法控制这种算法。

这关系到 GAFA "监管"的前景中的主要问题：我们能否允许一个事实上的垄断者以市场的名义，即原则上以竞争利益的名义对世界舆论产生影响？谷歌的游说力量相当强大，但人们可能会认为"监管"机器已经启动，并且无论如何，它都会获胜。

（2）几乎垄断的地位

YouTube 现在是世界上最受欢迎的视听服务公司，它正在每个国家流行，并且已经在20岁以下的人群中成为最受追捧的平台。谷歌对其按产品线划分的营业额非常保密，YouTube 的经济状况一直是一个有争议的问题。在 Alphabet 集团396亿美元的收入中，目前尚不清楚有多少来自 YouTube，估计从120亿美元到180亿美元不等。但是就目前而言，这并不重要，因为很明显，作为一种广告媒介，YouTube 是谷歌的一部分，谷歌在某些细分市场中不仅占据主导地位，甚至处于准垄断地位。因此，美国民主党参议员伊丽莎白·沃伦或欧洲竞争专员玛格丽特·维斯塔格（Marghrete Vestager）提出的解散该公司的威胁越来越具体。

（3）"冒犯性"内容的问题

这是对 YouTube 最持久的质疑，涉及色情、恋童癖、否定主义者、极端暴力、恐怖主义视频等的存在。迫于压力，在2017年最后一个季度，该平台已经删除了属于此类类别的800万个视频。在2018年的最后一个季度，关闭了240万个频道，其中近900万个视频。YouTube在全球雇佣了10000多名员工来识别和删除此类内容。在大多数国家，如法国，自2004年以来，已经制定了法规，要求YouTube等内容的主办方承担简单的"手段义务"，也就是说，他们只有在被证明没有实施必要的手段合理快速删除所报道时才会受到制裁。然而在实践中，主要是广告商对其进行监督，例如在2019年2月，迪士尼和雀巢被告知他们的广告带有恋童癖内容，并宣布暂停他们在该平台上的广告活动。

这种类型的问题是视频共享平台所固有的。根据YouTube的数据，每分钟有超过三百小时的新视频被添加到服务器上。此外，非法或不当内容的定义因国家/地区的不同而异。因此，先验过滤的想法是完全不可执行的。即使有软件工具可以进行初步筛选——谷歌处于该主题研发（R&D）的最前沿——也无法代替在至少有一个用户报告问题时检测到问题，这使得有问题的内容有希望在视频分区获得第一次生命，这显然是一个在线性电视的封闭世界中没有出现的问题。

（4）知识产权问题

这个问题几乎与上一个问题同时出现，它最初被谷歌处理得非常糟糕。这个问题如此泛滥，以至于在2014年，美国电影组织MPAA和六大制片厂索尼、福克斯、迪士尼、华纳、环球和派拉蒙召集律师秘密工作，让其研究他们可以对抗"歌利亚"（即谷歌）的所有方法。然而，主要问题不是YouTube，而是搜索引擎上长期存在的盗版网站链接。总的来说，谷歌的态度非常"主宰世界"，暗示这就是现代世

第五章　Netflix 和 YouTube：搅局者

界的生存方式，好莱坞的古老辉煌必须适应它。几年后，当谷歌想要通过订阅服务 YouTube Red（红色为 Netflix 的标志）与 Netflix 竞争时，YouTube Red 成为 YouTube 高级版，罗伯特·金克尔不得不从 Netflix 高价挖来。不过到目前为止还没有成功。因此，从 2016 年开始，谷歌做了一个转弯，发布了大量的法规《谷歌如何打击盗版》，并建立能够半自动检测侵权视频的 ContentID 系统。这个系统虽然受到许多 YouTube 博主的质疑，但仍然有效地平息了战争。谷歌每年向版权所有者支付超过 20 亿美元的费用，并与大多数作者协会签订了合同。

如果从有争议的角度来看，这个问题似乎已经结束，但总的来说，平台上仍然有很多没有被投诉的视频处于不稳定的法律地位。

公共服务？

对于面临改革项目的欧洲公共服务的未来来说，YouTube 观众提出的问题并不小，让 YouTube 远离争议是迫在眉睫的。而且，正如我们所看到的，有一些证据能够支持它。YouTube 只是一个推手，与围绕公共服务未来的激烈争论无关。因此，后者可以假装不知道年轻人离开他们不仅仅是为了看废话，而且是为了看文化或者教育节目。他们可以继续在 EBU 会议上指出他们的使命之一是教育，而大多数人不再在 YouTube 上播放无数的所有语言的学校课程。他们可以继续播放新年的古典音乐会与施特劳斯的华尔兹，而 YouTube 每天都会举办两百多场杰尔吉·利盖蒂演唱会。即使在第二次世界大战结束时，欧洲公共广播服务也可以决定电视是美国的商业服务，并不属于他们的领域。但是，当大批量的节目在 YouTube 上免费播放时，公众会问为什么不直接在 YouTube 上观看而要向你支付版税费用。

另一方面，在权威的公共服务圈子中接受 YouTube 似乎确实还为时过早。那该怎么办呢？开发一个与欧洲 YouTube 竞争的公共资助平台？欧洲国家需要二十年的时间说"不"，然后再花十年时间才能把它们的"是"变成具体的实现。促进维旺迪购买《每日运动》的剩余部分？要由版税资助一部分 YouTube 节目？这正是德国人正在对针对 34 岁以下人群的广播 Funk.net 所做的。然而，在大多数其他国家，这更像是一个抵制 YouTube 的问题，它被认为是公共频道重播的竞争对手，在这一点上他们有很多论据。

事实上，这完全取决于所考虑的时间尺度。在短期内，YouTube 既是公共服务的竞争对手，也是一种政治威慑。但是，如果我们考虑到更长远的问题，如果我们要认真对待"在数字环境中重新建立公共视听服务"的想法，那么我们必须将 YouTube 纳入思考，甚至可能将其置于中心位置，因为 YouTube 迟早会在 Alphabet 中分离开来，要么通过集团的解体，要么通过对广告和数据市场进行严格的监管限制。同样可以肯定的是，推荐算法和内容控制有朝一日一定会受到"监管"，即超出公司的单独控制范围。TouTube 的未来是乐观的。

影响这一运动以加速它，并在这一法规中找到一席之地符合欧洲国家的利益。其次，让我们考虑这样一个事实，音像领域公共服务的部分使命将不是由 YouTube 完成，而是在 YouTube 上完成。这应该反过来改变以前的上市公司的使命，引导他们也为视频平台生产，但也许最重要的是认可已经自发表现出来的提议并为其提供帮助，线性广播是必不可少的，由女性和男性编辑的电视频道，而不是算法编辑的电视频道也将会继续受到大部分公众的青睐。像 YouTube 这样的平台不创建节目，不为节目提供资金，也不允许除了少数网红外的作者以其为生。因此，如果视听系统只有一个 YouTube，将很快变得贫乏。然而，有 YouTube 的视听系统比没有 YouTube 的要更丰富，更高效。

第六章　付费电视的转型

付费电视诞生于 1972 年，最初是由美国的 HBO 在重重困难下将其建立，随后有 Shoutime 和 Starz 等数十家公司跟进。

付费电视已经催生的三个成功的集团企业：法国的 Canal+、英国的天空电视台以及斯堪的纳维亚半岛的 MTG。在 1999 年的鼎盛时期，Canal+ 在欧洲 14 个国家都有处于领先地位的业务。天空电视台随后异军突起，在德国和意大利取代了 Canal+ 的位置。然而，由于当今来自提供最新电影和独家系列节目的订阅视频点播（SVOD）的竞争，付费电视的情况大不如前了。自 2013 年以来，Canal+ 在法国的收入持续下滑，从 2013 年的 19.41 亿欧元下降到 2017 年的 15.44 亿欧元。天空电视台在营收方面的情况稍好，但也受到了来自奈飞和亚马逊的竞争，特别是在德国和英国。鲁伯特·默多克的新闻集团曾在 20 世纪 90 年代逐渐掌握了控制权，但在 2018 年通播集团出价 390 亿美元收购天空电视台时不得不将其放弃。通播集团是美国最大的有线电视运营商，旗下拥有 NBC 电视网、环球影业和梦工厂。

因此，益格鲁-撒克逊的付费电视频道被整合成了具有强大生产能力的集团。HBO 是华纳集团的一部分，Showtime 属于 CBS，Starz 属于狮门集团，天空电视台现在背靠 NBC 环球集团，而迪士尼频道属于新的迪士尼/福克斯集团。他们都提供点播版本的服务，并宣称他们的线性频道，也就是经典版本，将会称为他们节目的一个单纯的曝光窗口。订阅视频点播正在吸收付费电视。因此，首先了解订阅视频点播的经济结构，然后阐述这种新的主导模式和 Canal+ 的旧模式之间的差异，是一种更合乎逻辑的做法。

订阅视频点播的成本

首先，订阅视频点播可以被定义为一种组合，一种融资方式——订阅和一种技术——互联网视频流媒体技术的组合。这种在技术上和商业上的相对同质性事实上掩盖了其经济模式的深刻差异，尤其是取决于服务性质的成本。在实践中，至少存在十种不同类型的订阅视频点播服务，他们可以按照三个标准进行分类：

——综合性或主题性服务；

——服务本国的或国际化的；

——只通过互联网传播（过顶内容服务 OTT），或以互联网服务供应商为中介进行传播，抑或是两者皆有。

所有的组合都是存在的，除了完全依赖互联网服务供应商的国际服务，因为后者（在现阶段）是美国的国家服务，甚至是地方服务。因此，前两个标准产生了巨大的差异，一个极端是全球化的综合性服务，比如奈飞和亚马逊会员视频，另一个极端是仅服务本国的主题性服务，比如 TF1 建立的面向儿童的 Tfou Max，或是 2016 年推出的法国 Tënk 纪录片服务。但第三个标准，也就是接入方式，在法国尤为重要，因为法国网络盒子的普及率非常高，但是在世界上的其他地区，大多数服务可以直接通过互联网获取（尤其是个人电脑和手机），也可以通过有线电视运营商获得，接入方式就没有那么重要了。

然而，尽管订阅视频点播服务在经济层面特别多样化，从价值数千亿美元的公司到推出了 Tënk 的集体利益合作社，其运作方式都是一样的，每家公司都必须对视频文件进行译码、存储和分发，建立网站和应用程序，获得视听版权，进行宣发和运营，这四个部分正是本章节将要简要介绍的。

专栏：法国，电视盒子的天堂

电视盒子可以用于连接电视机的远程通信网络，在那些有线电视成为标准接入方式的国家，比如美国、加拿大和比利时，电视盒子和电视机一样古老。在法国，在 Canal+ 一度为大约四分之一的法国家庭配备电视盒子之前，几乎没有人认识电视盒子。但是，法国即将迎头赶上，这归功于法国电信管理局（ARCEP）的一项决定：该机构决定在二十一世纪初对新加入法国电信网络的企业提供极为有利的条件。一个由法国电信学校培训的工程师组成的，名为 Free 的新玩家，在 2002 年开发出了一个三网合一的盒子——Freebox，其不仅通过 ADSL 连接网络，还能接受电话和电视频道。

这在全世界是首创，其大获成功让对手十分震惊，因为其对手——Livebox（法国电信）和 NeufBox（SFR）——花了两年才做出相同功能的盒子。2018 年，85% 的法国家庭都配备了一个盒子，通过 ADSL 或光纤加入互联网，并与电视相连。这种无处不在的多功能盒子在全球市场上并不常见，因为这两种功能（电视接入和互联网接入）通常被分开。

因此，对于想在法国经营订阅视频点播服务的公司，他们必须与至少一个运营商达成分销协议。如果可能的话，他们需要和所有的运营商达成协议，以在全国范围内进行营销。然而，法国的技术进步并没有被出口到国外。运营商正在研究"虚拟盒子"，即在用户处只保留一个简单的接入盒子，而其他功能将由网络提供。因此，盒子的所有附加功能将不会被保留。此外，越来越多的用户正在放弃封闭的盒子，转而选择苹果（Apple TV）、谷歌（Chromecast）和亚马逊（Fires-tick）的服务。

技术成本

对于消费者而言，订阅视频点播是一件非常简单的事情。按下屏幕上的小三角，然后就和电视一模一样了，而且我们可以随时随地观看视频。这是真的，但事实上，在屏幕的另一边情况和电视完全不同。首先，这些视频本身和我们在电脑里存放的视频文件没有太大关系。在硬盘或 U 盘上，一个名为 filmpaspiraté.avi 的文件包含整部电影，图像、声音和可能存在的字幕。所有的个人电脑和 Mac 电脑都用同样的方式播放文件，当你运行文件的时候，整个文件就在那里。在电视频道的演播室里，情况也差不多。但是，订阅视频点播的情况比这复杂得多。首先，根据 Iphone、Android、AppleTV、个人电脑或是网络盒子的读取方式不同，我们必须提供不同的读取器。然后，当服务的订阅者进行读取的时候，文件（尚）不存在于其将被观看的地方，"流媒体"则正是用户在观看电影的过程中逐步传输电影的过程。然而用户的实际网速是不断变化的，因此这些服务所使用的技术允许在任何时候都以最佳的质量传输视频,并在网速下降时向下调整这一质量。这样一来,电影在网络上存在几个不同的质量等级,我们将在这几个等级之间进行切换。如此我们就有必要使这些文件拥有不同的质量,这个操作被称为转码,每次服务提供新的电影或者新的系列剧集时,都必须进行转码。出售版权的发行商在供应商处给消费者开放一个接口以访问我们称之为"中轴"的文件(自白银时代开始,我们习惯性将其称之为"Labo"),这就要靠订阅视频点播平台以自己的方式来实现了。当我们提供数千部电影时,这种操作方式是迟钝的,而且相对昂贵。这种转码的结果被放进一个越来越复杂的视频文件。例如,我们现在必须开始在不同标准的高动态范围(HDR)下提供 4K 分辨率的电影。以奈飞为例,《怪奇物语》第二季共有九集,在个人电脑端只需要 9 个文件,但是在奈飞则是 9570 个包含不同质量、声音格式、字母以及视频标准的文件。在亚马逊和奈飞这样的大型国际企业,这些转码任务依赖数十万个处理器(奈飞有三十万个)同时工作,以分担任务。较小的订阅视频点播平台没有这种计算能力,也无法提供如此多的分辨率(特别是 4K 分辨率)。他们可以使用专门的服务提供商,但现在这些转码服务由亚马逊、微软或谷歌在云端提供。因此,这种压缩的质量至关重要:一方面是视频质量方面的用户体验,另一方面是宽带成本的限制。出于这个原因,以奈飞为例,奈飞几乎每年都会对整个数据库进行重新编码,以融入压缩技术的最新进展。

一旦文件被创建并验证,他们就需要被存储在某个地方,最好是一个安全的地方,尤其是要防止黑客和病毒入侵。现在,这个地方就是云端。大部分云端的转码服务提供,通常是强迫,所有的文件都要存储在云端。无论如何,这是技术开支中成本最低的那一部分。这些经过转码的存储的文件需要在正确的时间传输到正确的地点。而这部分成本则高得多。在这一点上，相关服务的组织方式根据其体量和资源会大不相同。一个极端是许多小国家的过顶内容服务（OTT），这种服务并不经过互联网服务供应商。如果他们满足于和一家硬盘签订的协议，一般来说他们将会被限制在相当低的带宽上，大约是每秒 500Mb，最多同时运行 10 个设备同时访问。他们当中的大多数还会和内容分发网络（CDN）签订合同，特别是像阿卡迈科技或者 Limelight 这样的美国大企业。在这种情况下，带宽在原则上是无限的，但是需要付费。在很长一段时间，这种带宽的价格定期大幅下降，通常是每年下降 20%。但是，现在的情况就不是如此了，因为竞争格局已经稳定了下来。这些和内容分发网络（CDN）签订的合同通常非常复杂，且是高度递减的。这使得我们很难在服务之间进行比较。但是，2018 年在西欧，消费者花费 0.3 欧元观看一部电影是一个合适的费率（微软的收费：6.97 欧元 /100G）。更大型的服务所支付的费率肯定会更少，但是对于订阅视频点播平台这仍然是一个非常重要的开支。如果一个用户每个月观看十部电影，其在带宽上的支出可能已经超过了 3 欧元。

另一个极端是奈飞或亚马逊开发的极其复杂的全球系统。就奈飞而言，我们应该指出这家企业在商业问题上相对甚至说是不透明，这与他们在技术问题商店的透明形成了鲜明对比。他们经营了一个详尽的博客，名为奈飞技术博客，里面拥有数十篇内容翔实的文章。我们在其中发现奈飞的分发网络可以简化成两个层面：

该系统的枢纽安置在其竞争对手亚马逊处，更确切说是亚马逊的 Web 服务子公司。奈飞在三个不同的地方存储其文件（两个在美国的俄勒冈州和弗吉尼亚州南部，一个在爱尔兰的都柏林）。这三个数据库是完全相同的，并且不断互相复制。奈飞定期让其中一个数据库停止工作，以检验另外两个可以替代前者。当我们按下播放按钮的时候，我们首先落在这些数据中心。这也是我们所有的行为被存储以供奈飞分析的地方，如果有必要的话，分析会是实时的。但是，并不是这些巨型的数据工厂向我们发送视频。

第二个层面是内容分发网络（CDN），奈飞为此开发了一个名叫 Open Connect 的原创系统，也就是在互联网服务供应商的网络内部安装了专有服务器（称为 OCA 的红盒子），以此节省带宽，这相当于在互联网服务供应商的内部网络中创建了一个奈飞的子网。奈飞包办了一切，这让 Orange 和 SFR 两家运营商有些恼火。奈飞如此做的好处是最大限度地减少了外部带宽的开支，当我们考虑到奈飞的视频文件占据全球互联网流量的 15% 以上时，这可不是一件小事。同样是为了节省带宽，这家公司开发了一个流量预测系统，将每天最有可能被请求的内容预先加载进红盒子，或是在某些情况下，将这些内容复制以便访问。这会令人产生一种幻觉，也就是奈飞能提前知道你要干什么，甚至在你自己知道之前就知道，然后将相应的内容加载到你附近的服务器上。事实上，更荒唐的是，这个功能主要用于加载新的内容，但是根据定义这些新内容确实是在被播放之前就提前加载了的。

订阅视频点播平台还有最后一个技术成本的组成部分，互联网服务供应商处接口的开发，智能手机或平板电脑的应用程序、网页端、电视或游戏机界面的开发。不幸的是，许多服务平台认为这是一个可以省钱的地方。然而，正如奈飞的故事所表明的，用户界面的质量在该领域是至关重要的。正是因为奈飞的网页端显得考究而前卫，他们才能在早期就引人注目。正是因为沃尔玛和后来初代的百视达的界面质量低劣，他们才无法成功。十年来，奈飞已经在上百种设备上得到呈现，并且其持续投入大量资金用于软件的研究，这是其成功的一个关键因素。当然，这是假设奈飞即便在最困难的时候也有足够的资金继续这些开发。但是，订阅视频点播平台还不够成熟、不够稳定，以满足接口方面最低限度的服务。

市场营销的无底洞

订阅视频点播平台首先是一个市场营销的事务，而且这不仅仅是在启动阶段。2018年初，奈飞宣称其2017年的营销预算"只有"12.8亿美元，在2018年将增加到20亿美元。我们必须重提，奈飞成立了20年，共有1.24亿用户，奈飞每年只能从每个用户身上赚取5美元的利润，然而其平均营销费用达到了每个客户16美元。的确，大部分其他服务并不存在于同一个世界里，但是他们相比视听领域中的任何一个前辈，都比需要节目更需要广告。营销支出并不是一个固定的成本，因为它取决于预期的用户数量。但这种变化性的基础才是问题，这不是已经获得了的付费用户，而是你希望在未来拥有的用户。因此在财务方面，他有一些像一个难以根据实际收入进行调整的固定成本。但事实上情况恰恰相反：收入越少就更有必要在营销上进行投入。而这恰恰是欧洲投资者所不喜欢的。在美国的金融文化中，这个问题相对没有那么严重，但我们仍需思考杀死了百视达的营销问题。当领导层砍掉了在道达尔加油站的营销预算以后，整个集团不可避免地被他们拖入深渊。

第六章 付费电视的转型

节目支出

在电视行业的传统经济结构中，节目的支出是整个电视频道管理的基础和核心。首先在数量层面，节目支出是所有支出中最大的项目，其往往超过预算的一半。在质量层面，人们把电视频道和他们的节目等同在一起，而且一般来说，大部分节目都是原创的，是属于频道自己的。在战略层面，节目单决定了这个频道的性质是否是一个综合频道，是否大众化，是否偏好直播节目，是否"年轻"。

对于一个接触订阅视频点播平台的电视行业人士而言，第一个文化冲击是在这一个"新世界里面"，这一切都不是真的。这并不是说节目不重要，他们仍然是用户同意付费的理由，但是节目的定位是不同的。首先订阅视频点播服务并没有一个"节目单"，他们提供的是一张"菜单"。在这个"菜单"中，就算奈飞和亚马逊着重推荐他们的原创节目，但是"菜单"中绝大多数的节目都可以在别的地方找到。电视台也有很大一部分节目不是他们自己制作的，但这个情况相对较少，而且在该时段内他们拥有独家播放权。然而，也许有一天，拥有独家播放权的节目会在订阅视频点播平台中占据优势地位，但是现在，这只是一种营销工具，而不是菜单的基本部分。

对于一个综合性的订阅视频点播平台服务而言，长期以来主要的节目成本一直是购买非排他性版权。也就是说，这个价格是固定的，特别是相对于用户的实际节目消费是固定的。在这一点上，这种模式和线性电视类似。平台和电影或是电视剧的目录谈打包的价格，通常是六个月的时间，费用或多或少取决于订阅用户的数量。美国的大型目录倾向于以相当低的价格鼓励新进入者（十年以上的电影只需数千欧元）。而且，由于他们在市场上的影响力，其他公司也会跟进这种做法。在这个行业，哪怕和所有的合同都是被小心翼翼保守的秘密，但无论如何，一切都会被知道。粗略地说，在一个欧洲大国，一个订阅视频点播服务启动时只需要 1000 部电影或电视剧，每年的支出不到 300 万欧元。一个小型的免费电视数字频道，用这个价格每年只能播放大约 100 部主流电影。将订阅视频点播平台和 3 年以上的节目隔离开来的法规和市场实践解释了订阅视频点播平台相对低廉的、足以"颠覆"目录的成本。由于这种做法是非排他性的，所以经销商可以多次销售同一个节目，因此可以用数量来弥补其所放弃的单价。

然而，部分企业认为这类投资对于他们的经济实力而言仍然太高，因此他们去寻找另外一种模式。平台的第一个想法是，在可能的情况下提供自有版权的节目。在法国，早期的 Ina 和 Universciné 就是这样。然而，这种策略很快就达到了订阅服务的极限：我们必须拥有一个真正够大的目录，以便能更新为订阅用户提供的内容，此外，拥有一个节目的订阅视频点播版权的事实并不意味着节目对平台是免费的，平台需要为创作者和一般权利人支付报酬。

因此，非独家合同仍然占据主导地位，但是两个主要的全球性玩家已经走上了一条不同的道路，那就是独家节目制作。对于亚马逊和奈飞来说，独家揭秘作者可能是他们节目支出的最大部分，但是我们还是必须强调，这只是他们的一小部分内容。

管理费用

当平台在技术上成熟，拥有具有吸引力的方案和与商业雄心相匹

第六章 付费电视的转型

配的推广计划，平台仍然必须作为一个正常的企业来运作。被纳入电信或是电视集团的订阅视频点播平台的大部分非专业功能都依赖于集团的内部服务：人事管理方面的人力资源开发、财务方面的结算和会计、物流服务、甚至是信息技术服务（尽管不太建议）。因此，他们的员工人数并没有太多参考价值。另一方面，独立的订阅视频点播平台必须自行保证这些职能。即使在创业阶段，也很难想象在不到十人的情况下运营一个正规的订阅视频点播平台，哪怕这个平台未来可以实现盈利。

这个市场的新玩家发现了一个特殊的问题，坏账。大多数用户选择通过提供他们的信用卡号码决心支付，因此相当一部分用户会出现以下问题：信用卡更新时卡号被更改，信用卡丢失或被盗导致的锁卡，用户的账户出现问题或是改变了账户。推送提醒信息是必要的，但也是棘手的，因为这有时会导致用户取消订阅。有一些保险系统或者服务商可以承担这个问题，但是这并不是免费的，而且也需要内部人员进行跟进。

在启动阶段，这些成本加起来就达到了数百万欧元。一个希望拥有至少十万用户的独立平台，预计至少要花 500 万欧元用于推广，100 万欧元的技术成本，维持一个至少 10 人的团队，而这还没有计算节目内容的费用。然而，相比电视，订阅视频点播平台是一个进入门槛很低的领域。在法国，地面数字电视中 26 个免费的国家频道中最小的频道每年花费超过 4500 万欧元，仅仅是每年的地面频道传播费用就有 800 万欧元。此外，进入的条件不单单是拥有频率，而且还需要通过法国高等视听委员会（CSA）相对复杂的授权程序，这些都不适用于订阅视频点播平台。对于互联网服务供应商来说尤其如此，他们可以用有限的成本获取节目，而且技术费用相对较低，所以他们可以很轻易地推出自己的服务，其余的内容（推广、带宽、结算、企业管理）都可以依托母体结构，因此，真正的障碍不是成本（即使这不能被忽略），而是收入。

订阅视频点播平台的收入

一个订阅视频点播服务的收入来自用户每月支付的订阅费（除了亚马逊，亚马逊的 Prime 会员通常是按年度订阅的），但平台在做广告宣传时，他们给出的价格包括所有税收的价格。然而在法国，订阅视频点播的标准税率是 20%，这和与享受 10% 的优惠税率的付费电视不同。2010 年，时任法兰西共和国总统的尼古拉·萨科齐曾研究过取消这一优惠的问题，但是他放弃了这个想法。Canal+ 鼓吹如此做会威胁到法国电影业的财务。因此，一个 9.6 欧元的订阅视频点播平台含税订阅价，若是去除了增值税，就只有 8 欧元了。

另外，在 2017 年，一项法令确认，所有在法国运营的订阅视频点播服务（即使是来自国外的服务，比如奈飞）都必须向法国国家电影与动画中心（CNC）缴纳 2% 的税，这个税被称作视频税，因为它最初是为实体视频所设立的税。另一项法令要求任何服务都必须与创作者协会签订合约，即故事片的法国戏剧作家和作曲家协会(SACD)、纪录片的法国多媒体创作者协会(SCAM)。这些合同一般是不公开的，但是通常来说，这三个创作者协会总共（也就是所谓的跨协会合同）涵盖了税前营业额的 3% 至 4%。

因此，在这个阶段，订阅用户支付的 9.6 欧元变成了 7.56 欧元。

然而，正如我们所看到的，法国通过互联网获取视听服务的市场仍然被运营商的网络盒子所主导。过顶内容服务（OTT）正在取得进展，但这仍然只占一小部分。然而，运营商并不会免费提供服务，他们的抽成差别很大，从税前 20% 到 50% 不等。因此，平均而言，最初的 9.6 欧元（含税价）只有 5 欧元可以进入订阅视频点播平台的金库。在使用过顶内容服务（OTT）的情况下，这个分发机构的抽成显然是不存在的。但是，作为对抽成的回报，运营商简化了服务的管理，也承担了一定数量的成本，因此我们很难将过顶内容服务（OTT）用户的回报率和运营商用户的回报率进行比较。但是，我们仍需要强调，订阅的金额，甚至说实际获得的营收，在订阅视频点播平台的经济动力中，都不占主要地位。

订阅视频点播平台的铁律：MA*DVA>CAA

付费视听服务和经济结构与传统电视台有着很大不同，其基于一个对消费者而言不太明显的基本规律。然而，我们从一开始就应该指出，这一规律的三个参数在实践中是难以精确评估的，因此这只是一种理论研究方法。然而，即使有一部分是不可见的，这个规律确实支配着付费视听服务的经济结构。首先是订阅用户在单位时间内带来的收益（MA），也就是说用户支付了订阅费和税费以后给平台带来的收益。DVA 是指用户留存在服务上的时间长度。CAA 是平均获客成本。订阅视频点播平台的经济秘密是，如果其不得不花费 100 欧元来获取一个付费用户，而该用户每月带来 2 欧元的利润，那么该用户必须至少留存 50 个月（超过 4 年），平台才可能盈利。

获客成本（CAA）

这个概念对消费者而言并不直观。相反，当他们为服务支付订阅费用时，他们认为自己是付钱的人。他们没有意识到，实际上是平台花钱使他们过来的，而且往往花费不菲。获客成本（CAA）是新经济学的一个关键参数，它不仅制约着视听服务，也制约着电信、银行、保险以及越来越多的转向订阅制的商品和服务，比如汽车、某些健康服务和视频游戏。这个概念正在称为微观经济学教科书的核心，但是还未被普通公众和媒体所关注。为什么要花钱请人订阅服务？

其实这并不是一个新鲜事物，杂志社是这一领域的先驱，他们在很长一段时间内向新订阅用户提供大量欢迎礼物（电子设备、书籍、品牌笔等）。但是今天，获客过程在范围和方法上都发生了变化。

发展甚至是维持一个订阅服务的推广成本是很高的，这对消费者而言也不是很明显，他们很少承认自己是因为宣传广告上的承诺而决定订阅的，但事实是，宣传带来了订阅者，任何对类似宣传投放的懈怠都立刻会在用户数量方面得到体现。就算是免费服务也是如此。

在美国市场，奈飞长期以来一直设法维持低于 50 美元的平均获客成本。在 2009 年推出流媒体之后的时间里，这一成本甚至下降到了 40 美元以下。然而从 2016 年开始，由于竞争更加激烈，成本急剧上升，2017 年的平均获客成本已经超过了 100 美元。在国际上，平均获客成本暂时还保持在 40 美元左右，但是各国之间有很大的差异。订阅视频点播平台经常采用向新用户提供时长一般为一个月的免费会员，也有三个月的罕见情况，这是一种成本，因为在这些免费的月份里，平台需要为其支付程序和带宽的费用。然而，真正的成本是相当难以计算的，特别是在服务的起步阶段，固定成本占主要地位时。如果我

第六章　付费电视的转型

们用每月的订阅净收入来估计其少赚的钱，那将是非常夸张的。真正的数值更接近于单独的变动成本，也就是取决于订阅者数量的成本。但这并不是那么容易计算的，尤其是在起步阶段。免费月在实践中也容易吸引那些重复订阅——解约——再订阅的用户。但大多数机构对此并不在意，一方面这些投机取巧者终究会被发现（订阅时必须留下银行信息），另一方面这些人中最后有很大一部分会真正订阅。

除了免费月以外，订阅视频点播服务显然也会使用所有的广告媒体窗口，从电视广告到纸媒，从谷歌到脸书，更不用说各种活动赞助，或是与之捆绑的电视机和 DVD 播放器的制造商。根据 Kanter 的研究，2014 年秋季，奈飞在法国的广告预算超过了 4000 万欧元。

这一切都意味着，数字付费服务的平均获客成本在最低 40 欧元到 120 欧元之间变化（根据奈飞 2017 年在美国的获客成本 CAA 数据），这个数据不包括潜在的设备提供。

订阅用户的平均收益（MA）

一旦平台获得了用户，后续的经济收益将取决于其从每月的订阅中获得利润的能力，以及如何使用户能够留存更长的时间，使得所累积的利润能够偿还获客成本。在实践中，要精确计算每个用户的月度收益并不容易，我们必须满足于合理的估计。我们不可能简单地使用总收益除以用户数量来计算每个用户的收益。首先，由于固定成本的影响，长达几年内的收益可能是负数。其次，最重要的是变动成本的收益，其中不包括获客成本。我们寻找的是一个中期指标：在稳定阶段，一旦固定费用被摊开，一个新用户能否为平台带来收益。

高边际利润能够支持更高的获客成本，否则就会有更多的不稳定的用户。相反，低边际利润意味着要么把赌注押在用户满意度上，要么限制获客成本。但是，边际利润取决于订阅价格。在市场中，更高的价格区间（比如 15 至 20 欧元）可以产生更高的边际利润，但这肯定更难说服用户订阅，因此预计的获客成本（CAA）会更高。另一方面，订阅价格越高，用户流失的风险就越大。用户也存在心理门槛（比如 10 欧元），低于这个价格的时候用户没有感觉，如果高于这个价格，用户可能每个月都会考虑取消订阅的可能性。

在在线服务方面，无论是音乐还是视听，大多数产品的价格区间都在每月 8 至 12 欧元之间，目前还不存在更高价格的成功案例。因此，这个行业毫无疑问是持久的，边际利润也相对较低，每月只有几欧元。这和非对称数字用户线路（ADSL）运营商或 Canal+ 在其最好的年代所获得的利润差距甚大，那时每月的单客价减去可变成本可以超过 20 欧元。

订阅用户的生命周期

自付费服务时代以来，随着有线电视网络的发展，运营商学会了和他们最大的敌人——流失（Churn），也就是取消订阅作斗争。Churn 这个词最初在英文中指的是用于搅拌黄油的搅拌器，后来被引申为扰动和更新，这个词代表了这样一个观念：订阅用户群体不是一个惰性的库，而是一个不断更新的活跃有机体。即使是在某年的 1 月 1 日和 12 月 31 日使用服务的用户数量完全相同，我们也应该知道这些用户并不完全相同：有一些人离开，另一些人到来，这种情况是持续性的。服务机构也从来不喜欢公开他们的用户流失数据。流失数据被视为商业秘密，不论是在语义学还是统计学上，这个概念所涵盖的内容都并不清晰。首先，我们需要对一个基础概念达成共识：我们是只讨论付了费的订阅用户，还是将免费试用期中的用户也计算进来？

第六章 付费电视的转型

如果计算免费用户以扩大用户基数，原则上会产生一个更低的、也更加令人满意的流失率。但是，另一方面，相比付费用户，处于免费阶段的用户取消订阅的倾向更大。因此，取消订阅率并不容易获取，甚至不容易解释。这个数据有时通过第三方估计。例如，专业网站 Multichannel News 报道，2015 年奈飞在美国的流失率是 9%，但其没有具体说明这一比率是如何计算的。但是，在这个数量级下，我们假设这个比例随着时间推移是不变的，这将意味着最初的用户群将在七年后流失一半，个人用户的平均订阅时间将在十年左右。

因此，流失率这个参数是付费服务经济学的核心。几十年来，付费服务企业已经制定了一整套旨在降低这一比率的措施。其原则如果用市场营销部门的行话来说，就是 CRM（客户关系管理）。在实践中，这意味着企业首先需要提供一个训练有素且友好的、可用的电话或在线呼叫中心。这个服务的低质量是造成客户流失的主要原因之一，尤其是与客户第一次通话期间。然后是针对用户的通信手段，电子邮件、短信、社交网络的站内信，这必须在静默和骚扰之间找到准确的平衡。然而，自二十世纪一十年代初，这些传统的方法已经被预测退订用户的算法所取代。专门从事大数据工作的企业，比如法国的 Criteo，他们通过相当数量的参数来描述每个用户的行为，并给他们赋予一个取消订阅的概率。如果这个概率超过了一定的阈值，系统就可以通过建议赠送礼物、免费月甚至降价的方式发起魅力攻势。这是因为，和传统的付费电视不同，在线服务对用户使用服务的情况更加了解，而且是实时的：什么时候看了哪些电影、看完与否、最近的节奏有什么变化。然后用复杂的方法处理这些数据，大体上包括测试每一个事物与任意另一事物的相关性。其结果有时毫无新意——一个两个月没有观看过

103

视频的用户会取消订阅，有时则超出了人类思维的范围——算法表明，一个在平常周二观看整部战争电影的用户在周五看起了喜剧，他们将会在第一个小时就毫不犹豫地取消订阅。

当然，流失率往往取决于服务本身之外的因素，比如新竞争对手的到来或者总体经济环境。但是，保持订阅用户忠诚度的主要因素是服务质量，更确切地说是消费者所感知的质量。这就是为什么以奈飞为代表的服务正在寻求用推荐的方法将服务个性化。这里的原则仍然是利用大数据方法，从用户的行为中推断出服务页面的最佳组织方式，以便首先向用户提供可能喜欢的视频，然后不展示用户可能不感兴趣的视频，最后给用户留下服务不断更新的印象。

在这一点上，我们有必要强调付费服务和免费频道在受众方便的本质区别。免费频道会公布他们的收视率，并争取将收视率最大化。付费服务隐藏他们的收视率，甚至对此并不重视，重要的是订阅用户的数量，赢得新的订阅用户，更重要的是维持已有的订阅用户。在极限情况下，对付费服务而言，过高的收视率不一定是好消息，因为用户可能已经"转了一圈"，并认为已经没有什么好看的了，从而取消订阅。更不用说，用户大量观看节目会使平台在带宽方面付出高昂的成本。免费频道的优秀"顾客"观看大量节目，但付费服务的理想顾客则是在保持订阅的同时适度观看。

付费服务经济学的三个核心参数是如何相结合的？这种组合可以用一个常识来概括：如果服务平台同意支付 CAA 欧元来获取一个用户，比如说 50 欧元，那么平台必须在用户留存的 DVA 年内至少赚取 MA 欧元的利润（比如说 10 欧元），从而收回这笔钱。当我们意识到这三个变量远非独立时，问题就开始了。事实上，它们往往会互相

第六章 付费电视的转型

产生负面影响。如果你因定价高而拥有高边际利润,你将不得不花更多的钱来吸引订阅用户,而这些用户又往往不会长期保持昂贵的订阅。但是,如果你降低你的定价,以减轻获客成本,你将不得不希望保持订阅用户的平均生命周期,使得边际利润的下降不会破坏你的降价策略。同时,也请不要忘记,如果你的定价过低,往后的提价总是比降价要难得多,就像奈飞在2011年的痛苦经历。

总而言之,并不存在最优战略。因此,订阅视频点播平台特别是在早期做出了妥协,寻求尽快获得用户数量以覆盖其固定成本。然后再调整最后一个决定股东口袋深度的最后一个参数,将初期的财务风险最小化,尤其是在晋升和招聘方面,这通常会受到股东的好评,它们欣赏这种精神的承诺,但是这往往意味着延长企业需要融资的时间。相反,亚马逊(其核心业务二十年来没有实现盈利)或奈飞的主要优势在于能够不断融资,而不必寻求速战速决。

奈飞的核心逻辑是基于其在成熟期将拥有超过两亿用户。方舟投资等分析公司甚至在2018年4月预测,奈飞的用户数量将在2020年超过两亿,在2023年达到四亿。考虑到实际收取的订阅费用的定期增长,这将对应270亿美元的营业额。然而,在成熟期,一个服务平台可以且应该将其约三分之一的收入用于节目的购买或制作,在这种情况下大约是90美元。2018年所宣称的80亿美元符合相关预测,并在一段时期内是可持续的。如果存在赌博的情况,那就是在到达极限之前马上接受这个水平的支出,以便加速增长,在竞争过于激烈之前就占据有利地位。奈飞能够展示这种足够简单的计算方式,并至少说服一些投资者为这种预期提供资金,这将是未来利润的保证。因此,如果存在"奈飞泡沫",这可能会出现在其股市的估值水平上,但肯定不是在其投资战略和支出水平上。但是，奈飞的支出是否有效，这又是另外一个问题了。

新的付费电视模式

订阅视频点播平台越来越多地投资它们自己的节目，这改变了它们自身的模式。最初，订阅视频点播平台尽可能地剔除大量非独家节目，各平台主要通过所提供的目录的深度，少量平台也通过价格和技术质量，而不是通过独家节目来保持区分度。随着独家节目的制作，奈飞和亚马逊（后者在较小程度上）已经开始了激进的转型。首先是行业中的巨头开始采用同样的方式，但这次是相反的方向。迪士尼为自有平台保留了他们最优质的一部分作品。华纳和环球也是如此。吸纳了福克斯的迪士尼一家就占据了全球 50% 以上的票房。因此，各大巨头 80% 的产品都以一种排他性的模式，保留给了自有的全球平台。这是对好莱坞商业模式的彻底改变。原先好莱坞的商业模式是在尽可能多的国家触达到尽可能多的观众，在过去的一个世纪里，一些企业在所有的大市场中都建立了分销网络。例如，迪士尼从奈飞下架了《复仇者联盟》，并在自有的 Disney+ 平台重新上架。这或许可以为平台的成功上一道保险，但无疑其将会损失来自于其他平台或付费频道的数亿美元的营收。目前，暂不论这种由排他性的垂直产品构成的全球市场模式是否是可持续的，但是，其仅仅是出现，就将对其余形式的付费电视产生重大的直接影响。欧洲的付费电视模式是建立在独立于主流目录的基础上的，这使得他们可以从所有的大企业购买节目。天空电视台即便是被福克斯所控制，但也不只播放福克斯的电影。

第六章 付费电视的转型

Canal+ 与大多数大型电影工作室都签有协议，以成为电影在院线和录像带之后的第一个播放窗口。然而，未来在线平台将会抢先提供这些电影，而传统频道将会失去赢得和保持用户的一个重要手段。因此，被纳入大集团的付费频道，例如天空电视台和 HBO，将会成为集团产品的简单线性窗口，而不属于任何集团的独立频道，比如 Canal+，则可能被迫为已经在其他地方推广过的电影提供"第二窗口"。

因此，这些频道面临着两个相当大的困难。首先是如何获取最受欢迎的节目，因为除了无法继续获得美国主要电影工作室为自家平台保留的产品，体育板块的版权价格也在飙升。法国高等视听委员会（CSA）在其研究报告《体育和电视，互相成就》（Sport et télévision, contributions croisées）[2017] 中显示了一组非常令人担忧的数据。

我们发现，法国足球甲级联赛的版权费用自 2000 年来增加了三倍，在 2012 到 2016 年间上涨了 30%，并在 2020 年超过十亿欧元。这意味着体育版权费用占据了法国视听行业总资源的六分之一。然而，体育版权的通货膨胀并没有扩散到整个视听部门，而是仅仅集中在线性付费电视（Canal+、Bein Sports 和 RMC Sports）上。长期以来，私有或公有的综合性免费频道都很少播放比如足球、橄榄球或者 F1 方程式这些过于昂贵的体育项目，因此体育行业的通货膨胀并不会对其他形式的视听节目产生直接影响，但影响了付费服务的盈利能力，也对电影行业产生了间接影响。

但是，支付给体育联赛或联盟的版权费用并不是体育电视成本的唯一组成部分，因为赛事转播本身的成本也越来越高。

例如，环法自行车赛的图像由欧洲媒体集团公司（SFP 和 CVF

合并的结果，法国巴黎用户旗下的一个子基金持有60%的股份）制作，他们在一个月内动用了五百名工作人员、一百五十辆卡车、大约十辆摩托（其中五辆是长期使用的）、直升机和飞机队伍，以及持续性的安全卫星链接。

长期以来，在Canal+的推动下，重要足球比赛的转播会动员相当大的团队。2011年，一场OM里昂俱乐部对阵巴黎圣日尔曼俱乐部的比赛使用了超过二十台摄像机和一架直升机。职业足球联赛的最新招标要求将"大"比赛的最低摄像机数量从15台增加到了19台，"小"比赛的最低摄像机数量也要11台。相比之下，纽约大都会剧院的《Don Giovanni》由八台摄像机拍摄，制片人François Roussillon在普罗旺斯地区艾克斯音乐节上播放这部标杆歌剧的规格也是如此。维也纳歌剧院使用六台摄像机拍摄其演出。我们估计，一场法甲比赛的转播成本在五十万欧元至一百四十万欧元之间，约等于一季法国故事片的预算。

英国电信（冠军联赛）和亚马逊英国（网球）、中资控制的西班牙Mediapro公司（法甲联赛）或卡塔尔等新竞争者的闯入，使得综合性的付费电视台（天空电视台和Canal+）陷入了两难境地：接受版权竞标，以昂贵的价格保持节目吸引力，或是放弃竞标以控制成本，但需要承担失去用户的风险。

来自以每月5至15欧元的价格向消费者提供订阅视频点播的服务平台的竞争，使得付费电视更难以可承受的价格获取受欢迎的节目。付费电视的商业模式基于更高的价格，通常是每月30至50欧元。因此，天空电视台和Canal+已经开始向更低的价格过渡，要么提供暂时性的促销，要么把基本费用降至和订阅视频点播服务一致。然而，一个危险的循环已经启动，较低的价格导致较低的利润率，这反过来使获取节目的能力下降，从而影响服务的吸引力。

但是，与免费频道一样，我们不能将付费频道的困难等同于平台的困难。天空电视台现在由康卡斯特（环球、梦工厂）拥有，并且前者早已提供了多元化的互联网接入。Canal+ 频道只是 Canal+ 集团的一部分，该集团包括免费频道、主题频道、欧洲最大的电影目录、Canal 工作室，一个提供电视剧的订阅视频点播服务，以及其在非洲强势的地位。该集团本身由 Bolloré，一个从铁路到电力再到控制 Havas 媒体公司的联合企业所控制。然而对于这些集团而言，提供体育赛事和电影的综合性付费电视频道很可能变得次要，甚至是被边缘化。

第七章　电影业的稳定性

电影经济实际上涵盖了两个归根结底几乎没有共同点的部分。诚然，电影院经济确实是存在的，但是其中影片重要性与电影院中的甜品店、房地产泡沫和地方政治相差无几。而电影影片经济则完全不同，并且更为复杂。用 André Malraux 的话来说，电影制片是艺术也是工业，其在表面上与电影院紧密相连，但是在资金方面却完全依赖于电影院的竞争对手：免费或者付费的电视频道、录像带和点播服务（单片点播、订阅视频点播）。然而，自 2015 年以后，（在线上上架之前）未在电影院上映的电影成倍增加，这打破了这种平衡。在法国，2017 年的戛纳电影节接受了两部奈飞的电影，引起了轰动，而 2018 年其拒绝了 Alejandro Cuaron 的《罗马》这部未来的奥斯卡获奖影片则引发了相反的反应。在奈飞发行和电影院发行之间做出选择，本身就是一个高乃依式的两难选择，但这是在录像带和电视这两个电影的资金支柱正在崩塌的背景下提出的问题。另一方面，电视剧的文化声望也在年复一年中不断提高。

此外，"法国电影模式"的未来这一议题，是唯一上升到法国政治层面的视听问题。这个议题的辩论并没有结果。因此，在回到法国本身的情况之前，我们先在全球范围内考察电影的情况。

全球电影：电影院的停滞和好莱坞的变迁

二十年来，全世界的电影院入场次数一直在 70 亿人次左右徘徊。世界上两个最大的市场，也就是印度和美国，在 1995 年就占据了世界入场人数的接近四分之三（73%），到了 2014 年，就只有 57% 了。相反，中国和欧洲在 1995 年只是略微超过了 15%，但是在 2014 年超过了 25%。与我们时常听到的情况相反，世界电影的重心并没有向亚洲转移。长期以来，亚洲（印度、中国、日本、韩国）占入场人数的比例接近 60%，但是这一比例在过去三十年中没有增加。大体上，中国增加的入场人次几乎等于印度失去的入场人次。

因此，如果我们参考电影院的入场人次，电影院仍然保持着原有的地位。但是，在资本主义经济中，简单地维持自身并不是一个好消息，因为这种简单的维持，恰恰是娱乐产业庞大体系的真正倒退。院线电影的命运与纸质媒体不同，但其开始向书籍靠拢，不再受需求增长的驱动了。这一点在老牌电影国家尤其明显。我们很高兴地看到，欧洲的大多数国家，比如英国、法国、意大利和德国，在过去二十年中电影院的上座率都有所回升。然而，如果我们将这些数字与人口联系起来，情况就不是那么乐观了：在大多数国家，除了英国和法国之外，2018 年人均观影次数低于 1992 年。美国的情况尤其令人担忧，在过去 15 年里，美国的人均观影次数明显下降（当然也存在波动）。二十一世纪前十年，年人均观影次数的平均值是 4.2 次，在随后的十年，这个数字徘徊在 3.6 次左右。然而，随着票价的急剧上升，营业额将继续增加：2012 年只有不到 8 美元，2018 年为 9.11 美元。

然而，根据美国电影协会（MPAA）的数据，全球电影和家庭娱乐市场（包括录像带、订阅视频点播和付费视频服务订阅）在2018年增长了9%，达到了约970亿美元，这是中国式的增长速度。对于美国电影而言，这转化为了产量的强劲增长，尤其是票房超过1500万美元的电影增加了6%。

美国的电影工业总是能找到新的增长点，最先是电视，然后是录像带，最近则是在线服务。在美国，变化是翻天覆地的。实体录像（DVD、蓝光光盘）在二十一世纪前十年之初仍然占据了接近三分之一的好莱坞营收，但是今天却正在消亡。然而，电影的数量和平均预算正在增加，因为奈飞（2018年有81部电影）、亚马逊和苹果加入了电影巨头的行列，开始投身电影制作。相关数据显示，好莱坞在2018年比2014年多生产了100部电影，这些增加的产量无一出自六大老牌电影巨头（华纳、福克斯、迪士尼、索尼、环球和派拉蒙）。但是，这种增长掩盖了美国电影市场的深刻转变。

两条曲线之间的差距一方面说明了独立电影的崛起，另一方面也说明了电影工作室在文化方面的重要性持续衰减。虽然他们保持了对大片和营收的控制，但是每六部在美国上映的电影中，就有五部不是出自他们之手。Ben·Fritz[2018]描述了2009年的转折，当时大公司的国际收入首次超过了在北美的收入。随后，主流电影公司的战略产生了深刻变化：为了为后DVD时代做准备，他们不得不转向全球市场，尤其是中国市场。巨头们很快就放弃了自二十世纪七十年代以来的"新好莱坞"体系——以编剧-演员-导演为基础的三方电影体系。往后，电影业的真正资产和真正的英雄是"执照"。这创造了一个亚马逊和奈飞从2010年其就急于进入的空间，以接收相关团队和他们十年以前制作的电影。这一运动将最有创造力的编剧从电影院带走，使他们转向连续剧。

美国电影院及大企业的演变，并不是线上平台崛起的结果，而是在这之前就发生的事情。超级英雄电影的单调性为亚马逊和奈飞的成功创造了条件，尤其是他们的产品重心滑向连续剧。

法国的例外

就电影经济的各项参数而言，除了主要参数——收入，法国的情况确实非常特殊。

一个独一无二的电影院网络：超过 2 000 家影院和 6 000 块屏幕。尽管 230 余间电影院占据了超过 60% 的入场人数，但是他们覆盖了整个国家。在巴黎，电影院屏幕的数量是纽约的三倍。

自 2009 年以来，欧洲最高的观影人数超过 2 亿人次。按人均计算，其光顾频率与美国相当。

法国电影院的平均上座率达到 40%，这是一个相当特殊的情况，因为一般西方国家的这一比例低于 20%，往往接近 10%。

不低的电影产量，2018 年有 300 部电影，且这一数量还在增长，这依赖一个庞大的、约等同于 7 000 个全职人力工时的专业人员和企业的体系。

众多享誉国际的艺术家、演员、电影音乐作曲家（9 项奥斯卡奖）以及导演。

喜好电影的传统，不论是大众还是精英群体，这是由中学教育潜移默化形成的。

除了戛纳国际电影节以外，还有一个由数百个电影节组成的网络。

第七章　电影业的稳定性

一个精炼且一致的系统，从法国国家电影与动画中心（CNC）（世界上没有相应的机构）到电影资料馆，再到位于 Bois-d'Arcy 的电影档案馆再到电影视听职业的培养和教育（FEMIS）。

一个基于广泛且一致的政治共识的，在一切细节上保护电影业的法律和监管体系。

世界上最古老的电影制作传统，仅在第一次世界大战期间中断。

在这种田园牧歌式的环境下，法国常常被外国电影人称为电影天堂，但是这并不能使这个行业免于威胁。大多数情况下，尤其是在2014年奈飞进入法国以后，辩论的焦点成了电影制作的融资问题。

法国电影制作的融资问题

融资问题是法国电影业特殊情况的核心：这是一个极其复杂的建筑，其复杂性经常被审计法院指责。《电影法》有将近1000页，而我们甚至不确定是否能有超过十个人能将其完全掌握。在本章节的框架内，我们不可能深入研究这个系统的大量细节，但是其运作可以用一句话来概括：法国的电影是由电视频道提供资金的。

这使得电影业被上了2.5把锁。第一把锁是1986年的法律，其规定免费频道有义务将其营收的3.2%用于制作欧洲电影，付费频道则有义务将其营收的12.5%用于制作欧洲电影。在时间轴上，这些所谓的"欧洲"电影几乎都是法国电影。这一义务还伴随着一个最低的限度，以防电视频道的营收下降太多。2018年，Canal+获得了一个最高的、但也是固定的费用，每年1.8亿欧元。"历史上的"免费频道必须经营一个管理这一义务的机构，在某些情况下，除了播放权以外，还可以获得联合制作的股份。第二把锁是频道播放的电影中，至少40%是法语的（事实上，"法语"这个词的表述需要用一个完整的章节来进行注释，而不是像此处一样容易理解）。因此，一个每年播放150部电影的频道必须购买至少60部法语电影的版权，其中只有一部分是频道自己资助的。因此，在2018年，免费频道播出了863部法国电影，每天超过两部。最后一把锁（只能算是半把锁），频道需要向法国国家电影与动画中心（CNC）的支持账户缴费，原则上，这是为视听节目提供资金，但是其中一部分被"漏"给了电影，这一点经常受到视听制作人的指责。

然而从表面上看，电视频道似乎只为电影提供了一少部分融资，在2018年为28.7%，但是在实践中，需要融资的电影首先去找电视台，以Canal+为主，然后是免费电视频道。如果这两者都打了回票，电影要么直接流产（这是一般的情况），要么大幅缩减项目预算，以便不通过电视也能获得足够的资金（预计不到200万欧元的电影）。然后，在和电视台达成预先协议的基础上，其余的资金也随之到位：可能是来自法国国家电影与动画中心（CNC）和地方当局的资助（2018年平均占预算的5.4%）、电影投资企业（Soficas）和各种银行贷款。一个电影项目必须得到电影院的合作意向，即使这可以转变成最低保证金额形式的联合制作，电影院也极少与没有电视的电影合作，除非是小众电影。

这一系统建立在20世纪80年代，在世界范围内是独一无二的。其一方面使电影从业者们交口称赞，但是在另一方面却被电视台、审计法院和财政部以及一些领域的专家口诛笔伐。传统的批评主要集中在三点：

第七章 电影业的稳定性

首先是我们刚刚总结的系统的复杂性，这经常遭到谴责。在实践中，独立制片、导演的处女作、女性导演的影片、用英语拍摄的电影、在国外拍摄的电影等等，都可能算作是例外情况。公共支持包括基于特殊规则下的税收减免。因此，大多数电影公司的资金筹集手段类似于精密制表业。从经济角度上看，一部法国电影实际上是一个跨越十余个参与者和十余个市场的矩阵。一个联合制片人主要从影院票房中获得报酬，而另一个则从海外市场中获得，再加上可退还或不可退还的预付款、最低保证金、或复杂或简单的营收反馈渠道。

第二个批评是资金筹集手段和终端电影市场的脱节。这又分为两个分支。在"文化"方面，电视频道的指挥角色使得电影受到不同的受众标准的约束，导致大多数电影都是普通的、共见的，也是毫无创新的。而且在电影制作中，过度注重演员挑选反过来又使演员费用大幅膨胀。在"经济"方面，电影的赞助者大多数都是利益相关者，他们并不直接关心电影的盈利能力：公共援助机构、电影公司 Sofica 和电视频道。对他们来说，投资电影是一种用于换取视听许可的政治义务。这两个分支对于以下事实表示遗憾：在三十年的时间里，这种制度剥夺了创作者的权利，阻碍了电影工业化战略的发展。

第三个批评涉及国家的作用，特别是公共援助。自由主义者普遍批判国家干预，尤其批判在文化方面的干预。在过去的十年中，最经常发表意见的是经济学家 Olivier Babeau，Sapiens 研究所的奠基人和主席。在一份 2016 年的笔记中，他解释说："2005 年进行的意向研究表明，在当年制作的 162 部电影中，只有 15 部电影在第一次发行中收回了制作和推广的费用。"这一说法在他看来与上述的另一个说法并不矛盾："法国电影现在几乎是 100% 依靠预付费用来制作的。

也就是说，制片人在制作电影时无需承担任何风险，但一旦电影获得成功，他们就能获得利润。"这样一来，法国制片人就能够不承担任何风险（他们得到了100%的预付资金），而又总是把资金亏光（90%的电影是无利可图的）。

因此，院线电影的盈利能力用老话说就是"驴桥定理"，也就是笨人的难题。在数以百计的题目中，我们引用巴黎高矿和巴黎高科主席Victor Lavialle的《大预算电影的经济回报》。在这种类型的题目中，研究者利用可获得的数据，比如电影院上座率和预算，再用一种或多或少巧妙的方式对其进行处理，最后在研究方法章节的附录中承认，对于三分之二的收入（电视、录像带、订阅视频点播服务和出口），作者是直接预估了一个总额，然后再重新分配到每个子项的。一个例外是来自英国的Stephen Follows，他也面临着获取相关数据的困难，但却更加复杂。他的网站（多语言）是一个相关问题的参考。但是，企业的盈利能力问题，至少有三个地方是难以解决的。

首先是电影客体的经济性质。这不是一个可以计算出盈利能力的客体，正如我们所看到的，他是一个投资人和市场交错的矩阵。因此，如果没有"合适"的营收反馈渠道，我们就可能在一部并不盈利的电影中赚钱，或者在一部盈利的电影中亏钱。所以，电影的整体盈利能力是一个抽象的、或者是在很大程度上抽象的概念。

其次，人们也很难就一部电影的成本达成共识。诚然，我们有预算表，但是哪个是准确的？因为在审批阶段会有数个预算表，然后会有一个制作成本，这和预算表又不一样，参与生产的各方必须对此达成一致，以便明确他们贡献的价值。平均来说，实际成本比最初提交的预算表要低9%。从法国国家电影与动画中心（CNC）批准一部电

第七章 电影业的稳定性

影到实际制作，可能需要一年的时间，甚至是更久，而且在这段时间内，预算表会发生变化。此外，我们不仅需要根据生产成本来评估盈利能力，还需要考虑推广成本。而法国国家电影与动画中心（CNC）对推广成本的认识很不完善，也很少发布相关内容。在美国，人们认为行业巨头们的电影推广成本至少是制作成本的 40%。在法国，情况远非如此，但最重要的是，电影之间的情况是不同的：他们是否得到了发行商的部分预付资金，再加上电影类型不同，在一年中上映的时间不同，情况都大不相同。在任何情况下，我们都不能像大多数人那样不负责任地认为推广成本与电影预算是成正比的。

成本难以计算，那收入如何？来自电影院的收入或多或少是已知的，至少在电影院本身的层面上是如此，尽管他们对制片人集团的实际反馈会存在一些意料之外。录像带、视频点播、在线视频点播服务的开拓，以及随后向可能预先资助电影的电视频道的预售，再加上国际上的销售，这些直到电影发行的一年之后才能知道，而且无论如何都不会公开。

然而，在 2004 年至 2011 年期间发行的 1 283 部法国电影中，我们聚焦于 2008 年之前的 619 部电影，因为我们可以认为这些电影的开发在 2013 年之前已经基本完成。这是由法国国家电影与动画中心（CNC）委托进行的经济研究，这构成了 René Bonnell 主导并于 2014 年发布的报告的基础。平均而言，（私人或公共的）预付款占成本的 85%，因此法国电影现在几乎是 100% 依靠预付费用来制作的这种说法是不正确的。大牌电影获得的预付费用不比平均水平高，而那些并没有得到电视台预付款的小电影，所得到的预付款最少（49%）。该研究表明，34% 的电影可以在第一轮开发时盈利，这和经常被谴责的

90%的电影无法盈利相去甚远。对于成本在400万至1500万欧元之间的电影，盈利的比例超过了50%；成本在700万欧元以上的电影，这一比例甚至超过了59%。正如我们的预期，亏损最多的是那些更小的电影（85%的电影规模小于100万欧元）。盈利的电影的分布在电影业这种典型的工业中并不反常，例如，在图书出版业，我们都并不确定是否有34%的出版作品能够盈利，而且，自文化产业诞生以来，通过少数作品的成功来养活其他失败的作品，这一直是文化产业的普遍规律。

来自电视的钱变少了，这是否严重？

威胁法国电影融资系统的，并不是它长期以来受到的批评（复杂性、与市场脱节、公共资金的比例），而仅仅是电视频道的资助下降了。这种下降不是周期性的，而是视听系统的深刻变化：黄金时段观众的减少、谷歌对广告市场的掠夺以及来自YouTube和奈飞竞争的结果。

到目前为止，法国电影界有何反应？令人惊讶的是，在资金减少的情况下，电影的产量却上升了，但大多是小型电影，大预算的电影较少：在Bonnell发布报告的前三年（2010至2012年），有81部超过1000万欧元的电影，但从2016至2018年只有61部。这与预期是相反的。从长远看，这种发展趋势是极其危险的，其原因也并不神秘。小成本电影的增长是来自电视台的资源减少的一个机械性的后果。这些电影很少或根本没有来自电视台的资金，这些是他们在资源减少的情况下唯一的生存方式。

和所有电影一样，法国电影需要这些小成本电影，他们是进入行

第七章 电影业的稳定性

业的敲门砖,他们也往往是第一部作品,在很大程度上(但不仅限于此)行业通过他们更新了人才。但是,小成本电影的增长,我们默认为这既不是好消息,也不是文化上的需要,而是经济衰退的信号。我们应该记住,这些电影每小时的成本低于电视故事片(在法国,电视故事片的资金已经是不足的):每小时 70 万欧元,而电视故事片是每小时 82.7 万欧元。从经济上讲,这些是电视电影——无法在电视频道播出的电视电影。根据 Lichtenberg 的说法,这是一把没有刀片也没有刀柄的刀。

然而,电影经历了如此多的革命,以至于它似乎出色地运用了 Visconti 在《豹》中的名言:"一切都必须改变,因为没有什么可以改变。"首先是技术革命:电影的时长,首先只有一卷胶卷的长度,然后从二十世纪一十年代开始能够超过一个小时,二十年代从无声过渡到有声,三十年代末攻克了色彩问题,五十年代是宽屏幕,七十年代是录像带,最后是二十世纪末的数字后期技术和摄影棚。而电影则仍然是电影。当基于不同原理的剪辑手段出现后,美学的革命仍在继续,在焦距上做文章,掌控声音和色彩。社会和政治革命也没有缺席,二十世纪二十年代末的丑闻,电影制作守则(海斯法典)、两次世界大战时电影被用作政治宣传、麦卡锡主义、来自电视的竞争、好莱坞电影工作室的解散、温斯坦(Weinstein)事件。而电影始终是电影,哪怕面对地震也能泰然处之。自 1905 年以来就有《综艺》杂志,1929 年以来就有奥斯卡典礼。福克斯(1905)、华纳(1923)、派拉蒙(1916)、高蒙(1895)、百代(1896)、环球(1908)当然也历经许多沧桑,但这些品牌经历了两次世界大战和十余次电影革命,在二十一世纪仍然主导着它们的市场。

在全球范围内，在一个半小时内用图像和声音讲述故事，已经成为一种典型的、与人类注意力相一致的表达方式。毋庸置疑，剧情长片已成为与小说、歌曲、绘画、摄影一样，并列为人类决定性的成就。然而，自二十世纪五十年代电视的出现和普及以来，电影早已失去了对视听叙述的垄断地位。但是，根据篇幅、声望、观众和投资，电影的形式使其处于图像食物链的顶端。这一切在今天都愈发混乱：投资更加青睐连续剧、观众流向 YouTube、篇幅不再是一个评价标准（或至少没那么重要）。最长的消费视听产品的时间，已经变成了刷剧的夜晚。

为了在长期层面弥补来自电视（和录像带）资源的减少，法国电影只有两种站得住脚的可能性：出口和订阅视频点播服务。但是这基本上是一回事，因为美国的平台只有在拥有国际观众的情况下才会自发地接受相当数量的法国电影，而且现在也不像八十年代那样可以强迫电视频道为电影提供资金。

然而，如同所有的文化产业一样，电影在经济上是非常灵活的，尤其是在产业的上游——电影制作。有时电影的生产成本为几十万欧元，有时则高出近千倍，而大多数的回报都是按百分比计算的。尤其是在美国，有行业规则、劳动法、集体协议、工会，但也有一整套潜规则：黑工、无偿工作、数量游戏、现金支付、以及资金来源的问题——俗称洗钱。电影制作并不是一个重工业，也很少有固定成本。换句话说，电影制作可以很好地承受上游融资的减少。如果资金减半，电影数量也不会减半，至少成功电影的数量不会减半。我们可以回顾一下，法国电影在 Canal+ 时代和增加电视频道的电影制作义务之前，法国电影正处于鼎盛时期。二十世纪八十年代的生产投资比今天低四倍

第七章 电影业的稳定性

（例如 1986 年为 2.71 亿欧元），但这并不妨碍 Bertrand Tavernier、Bertrand Blier、Jean-Jacques Annaud、Jean-Jacques Beineix、Luc Besson、Jean-Marie Poiré 和 Étienne Chatiliez 取得成功。

然而，该领域独创性和与其他视听产品具有区别的基础，是那些成功的电影，那些获奖电影。优秀的电视片确实存在，而且大多数电视片有着比电影更多的观众，但是我们没有通过制作电视片赚大钱，也不会因此而破产。电影的制作者即使是采取基金财团的非实体形式，在希望中大奖的同时也需要承担风险。作家和主流的艺术家也一样。这在根本上强迫创新。但是，最重要的是，电影依赖电影院。即使入场费早已只是收入的一小部分，这却能 100% 决定成功或者失败，因为一部电影后续的生命都取决于在电影院的表现。没有电影院，电影就成了电视片，而这是另一种经济，也是人类的另一种冒险。

结论

新的视听经济正在从 2010 年代走向大量创新技术出现的成熟阶段，其服务范围已扩大和复杂化。黄金时段的电视受到冲击，黄金时段既是视听领域的社会学中心，也是视听领域的经济中心，其受到冲击后引发许多连锁反应。比如关于节目的制作、融资和视听产业集团之间的权力平衡。其持久性也不能被忽略。首先，是需求的持久性。消费者的消费方式不同，但总体上来说，他们的消费并没有增加。文化的持久性还在于，尽管节目的营销方式发生了巨大的变化，但人们观看的仍然是相同类型的节目，其比例也大致相同。这是创建和制造这些节目的方法的持久性。电影的持久性在于，即使是好莱坞的投资者不断发生变化，其编剧、导演和演员仍然是一个非常稳定的群体。我们还可以加上监管框架的持久性，尽管有很多声明，但不管怎么说，与它所监督的内容相比，监管框架的发展变化很小。

视听经济的第一个也是最明显的变化是，它直到现在还仍然被在其系统之外部或处于边缘的公司支配：已经成为接入供应商的电信主公司主导着物理分配；计算机行业的苹果、谷歌、亚马逊和 Netflix 现在主导着节目分配。视听部门正在失去其原创性，并且逐渐融入一个更大的整体，技术、商业和创作正保持着新的关系。

但最重要的变化是视听经济的地理变化。当民族主义在欧洲被政治唤醒时，各国正在淡出音像市场。视听经济的两个新的主心骨：YouTube 的观众和 Netflix 的钱，他们不分国界，能说所有语言，与各个国家只有礼貌的关系。

在欧洲，一切都在如火如荼地运行着，汽车、游客、资本、恐怖分子、技术、食品、移民、足球运动员和气候危害，智能手机和家具。除了电视行业，一切都运行得很好。法国人对德国或意大利的节目主持人完全不了解，同样，法国电视界最大的明星可以在德国或意大利的任意一个城市自由行走，没有人能认出来。流行文化的这种"水土不服"是欧洲项目成功的最大阻碍之一，但很少有人解决这个问题，除了 Arte 在文化领域是个明显的例外。尽管《电视无国界》和《视听媒体服务指令》已经做出了努力，但各国的法规截然不同。在德国、法国或意大利，人们对小说的投资方式完全不同。捷克共和国和瑞士之间的生产成本可能也相差巨大。大多数被禁止在德国晚上 10 点之前播出的电影在法国被认为适合"全民观看"。然而，所有这一切都在我们眼前发生变化，因为欧洲一直无法做到或不愿意做的，建立一个欧洲的视听系统，美国的资本主义已经从 2010 年就开始发展并非常迅速地实现了。

在这套新的经济规则和法律中，挑战不再是保护自己，因为技术和消费者已经做出了选择。但这是一个发展视听供应产品的问题，一个能够与世界级团体竞争的问题。对于这一发展来说，没有什么比幻想更糟糕的了，在本书的结论中，将详细讨论世界视听市场的数量级。

首先考虑一下世界各地观众在屏幕前花费的时间：在 2018 年，电视是电影的五百多倍，全世界观众花在 Netflix 上的时间已经是在电影院的八倍，但比花在 YouTube 上的时间少了四倍。

结论

但是，视听也是一个产业，这种时间的花费并没有以同样的方式受到金融市场的重视。Netflix 的市值已经是所有欧洲商业电视频道总和的六倍，而谷歌，加上其旗下 YouTube，价值是 Netflix 的 4.5 倍，是 TF1 和 M6 电视频道总和的两百倍。

美国科技集团的这种力量往往归因于他们的创新能力和对所有新技术工具的掌握，但他们最重要的武器是金融。

总的来看，世界主要的互联网巨头 71% 的资本由机构投资者持有，换句话说，是管理基金，这些基金本身通常由养老基金支持。这些公司并不为公众所熟知，然而四大最大的巨头——黑石、先锋、道富和富达——实际上是 MAGNAF 的最大持股人。特别是先锋，是苹果（占股 6.9%）、Facebook（7.1%）、谷歌（5.6%）、亚马逊（5.8%）和微软（7.6%）的最大股东。这四大巨头在 2018 年春季管理着超过 16 万亿美元的资金，这笔钱的巨大规模使得它与现实世界中任何东西作比较都徒劳无益。但是，这四个公司在传统视听领域中有相同的权重。这四家公司持有美国九大传统视听集团的四分之一到三分之一的股份：华纳媒体、迪士尼、康卡斯特（环球、NBC、梦工厂、天空）、新闻集团（福克斯新闻）、维亚康姆（派拉蒙）的旧世界，以及 Netflix、亚马逊、苹果和谷歌的新世界。

因此，从财务角度来看，我们可以认为这九家通信巨头是一家公司的子公司。当然实际情况并非如此，因为在现实中，它们中的每一个都是其他公司的竞争对手。然而，当涉及到长期全球战略时，很明显，先锋、黑石、道富和富达的董事会掌握的核心科技比硅谷的个别精英掌握的要多。

2018 年，一场争夺天空集团控制权的大战发生了。总部位于伦敦的天空集团拥有2300万用户，主导着英国、德国和意大利的付费电视市场，并由鲁珀特·默多克的新闻集团（福多斯）掌握39%的股份。这场战斗是在康卡斯特·和新闻集团之间展开的，这场战争是用超过数十亿英镑的竞标和债务进行的。但有趣的是，四大公司持有战争里每个主角超过四分之一的资本，这是因为这些公司的原则是让他们投资的公司自由选择其战略，至少这个过程是公开的。他们与乔治·索罗斯、文森特·波洛雷、卡尔·伊坎和迈克尔·米尔肯等以敌意收购和颠覆董事会的方式进行干预的掠夺者相反。例如，先锋的网站在公司治理方面甚至解释说，在董事会或股东大会上行使投票权对他们来说不是一个好主意，先锋的作用是长期投资，是不断地、谨慎地与管理层进行交流。

全球试听产业的新主宰者现在需要源源不断的投资来支持研发：2017年，奈飞每年10亿美元，谷歌160亿美元，亚马逊226亿美元。与空客公司30亿美元和戴姆勒公司60亿美元的研发费用相比，这些数字是巨大的。此外，除了奈飞以外，这些公司都在进行合并和收购。而当涉及投资、技术路径选择或举债收购竞争对手时，真正掌握权力的是投资者。因此，如果不把它的核心——作为主要股东的四大基金放在最前面，就不可能理解美国视听和数字行业在全球范围内的发展动态。

这些大型的美国基金，如Blackrock和Vanguard，现在正在实践1946年作为欧洲重建的马歇尔计划的一部分的Blum-Nyrne协议。此后，一切的政治斗争都是为了保持文化独立：一个从上到下的美国化的世界视听空间，从好莱坞到客厅。

欧洲视听产业最大的弱点当然不是缺乏创造力和人次，甚至不是

结论

各个国家分散的市场，而是欧盟财政的支持不足。

专栏：新视听经济的20个变化

1. 由于YouTube和Netflix的竞争，电视的"黄金时段"受到侵蚀。
2. 新一代观众正在逐渐放弃观看电视直播。
3. 观众分散在不同的渠道中，这使他们很难再有更多的选择。这可能会危及到"聚会"电视及其作为社会黏合剂的作用。
4. 股票市场不再相信商业电视。
5. 电影不再主要由电视资助。
6. 行业巨头和新进入者（Netflix、亚马逊、苹果）打破旧的多分销模式，建立排他性孤岛。
7. 物理视频消失。
8. 盗版改变了形式，但正企图抵制遏制它。
9. 谷歌和Facebook的广告收入超过了电视台。
10. 程序化广告空间销售占据主导地位，并对代理公司和广告销售公司产生威胁。
11. 频道过去是付费发行的，但这种情况被扭转了，因为它们从分销商那里获得净收入。
12. YouTube扼杀了音乐频道。
13. Canal+天空集团的那种每月40欧元和一个机顶盒的付费电视模式注定是失败的。
14. YouTube是一个领先的文化和教育平台。
15. 无论是收入还是影响力，Netflix和YouTube都是占主导地位的公司。

16. 国家法规正在被来自各方面的压力淹没。

四个持久性

家庭支出与以前一样，在恒定的视听预算（占可支配收入的百分比）内进行权衡，不断发展。

视听制作保留了其公司、制作方法和流派。

影院上座率稳定。

欧洲公共服务对于视听系统的整体平衡仍然是必要的，其年长的受众对数字服务的吸引力较小。

附录　专业术语对照

前言

Streaming 流媒体

Vidéoclubs 音像租赁商店

Loi sur les droits d'auteur 版权法

Loi Communication et Liberté 通信与自由法

Entertainment Industry Economics《娱乐产业经济学》

Cultural Industry《文化产业》

SVOD（英）VADA（法）订阅视频点播

第一章

Contribution à l'audiovisuel public (CAP) 公共视听税

Redevance audio-visuelle 广播电视税

Diffusion numérique (DAB) 数字广播

Podcast 播客

Centre national du cinéma et de l'image animée (CNC) 法国国家电影与动画中心

Réseau de télévision 电视联播网

Agrégateur 视频聚合网站

131

Box des fournisseurs d'accès 电视盒子（网络盒子）

Montion Picture Association of America (MPAA) 美国电影协会

télévision scolaire 教学节目

Compte de Soutien aux Industries de Programme (COSIP) 节目工业支持账户

Dépenses en capital 资本支出

Financement des déficits 赤字融资

Épargne forcée 强制储蓄

CDD 定期工作合同

CDD d'usage 短期工作合同

Insee 法国国家统计与经济研究所

ETP Équivalents temps plein 全职人力工时

NAS Nomenclature d'activités sociales 社会领域术语

Régie 电视台的控制室

La Commision de la carte d'identité des journalistes professionnels 职业记者认证委员会

CDI 长期工作合同

第二章

CREDOC 法国生活条件观察研究中心

Multiplexes 多路传输

OTT 过顶内容服务

第三章

Carte de réalisateur de cinéma 电影导演许可证

Téléfilm 电视电影

SCAM Société civile des auteurs multimédias 法国多媒体创作者协会

SPECT Syndicat des producteurs créateurs de programmes audiovisuels 视听节目工作者工会

« voleurs de patates » 《傻瓜大盗》

« Fort Boyard » 《博崖堡垒》

Les films d'animation pour la télévision 电视动画电影

CSA Conseil supérieur de l'audiovisuel 法国高等视听委员会

TNT Télévision Numérique Terrestre 地面数字电视

Droit du copyright 著作权法

Entité abstraite 抽象实体

Personne physique 自然人

Dialoguiste 对白编写者

Directeur photo 摄影指导

Décorateur 布景师

SACD Sociétédes Auteurs et Compositeurs Dramatiques 法国戏剧作家和作曲家协会

第四章

Investissements de communication 公共关系投资

Agence (de publicité) 广告代理商

Régie (de publicité) 广告网络

Imprimés sans adresse (ISA) 无地址印刷品

PIB 国内生产总值

DSP 数字信号处理

Ad exchange 广告交易平台

SSP 供应方平台

Price maker / Faiseur de prix 定价者

Pré-roll védio 片前广告

Commission de l'Union européenne 欧盟委员会

Audimètre 收视记录器

Instant Articles 即阅文章

Zweites Deutsches Fernsehen ZDF 德国电视二台

Arbeitsgemeinschaft der öffentlich-rechtlichen Rundfunkanstalten der Bundesrepublik Deutschland ARD 德国公共广播联盟

Agence France-Presse AFP 法新社

Autorité de la concurrence 法国竞争管理局

Antenne linéaire 线性媒体

Eurostat 欧盟统计局

Centre d'information et d'études sur les migrations internationales 国际移民信息与研究中心

ADSL 非对称数字用户线路

第五章

Longue traîne 长尾效应

第六章

Comcast 通播集团

OTT over the top 过顶内容服务

Box d'opérateurs 网络盒子

（Société）coopérative d'intérêt collectif 集体利益合作社

Fichier container 视频文件

HDR 高动态范围

Strangers Things《怪奇物语》

Content delivery network CDN 内容分发网络

Netflix techblog 奈飞技术博客

Taxe vidéo 视频税

Sacem 法国音乐版权组织

Arcep 法国电信管理局

第七章

Pay by view 单片点播

MPAA 美国电影协会

Cinémathèques 电影资料馆

FEMIS 电影视听职业的培养和教育

la Cour des comptes 法国审计法院

Le code du cinéma 电影法

Le film de long-métrage 剧情长片

Le téléfilm 电视片